부모가 꼭 알아야 할

기적의
송가네 공부법

부모가 꼭 알아야 할

기적의
송가네 공부법

송 하 성 지음

BOOK STAR

추천의 글

송하성 교수는 내가 담임하고 있는 새에덴교회에서 중임을 맡고 있는 신앙인이다.

몇 년 전 《1313 송가네 공부법》이라는 베스트셀러를 출판하여 각종 언론과 방송의 주목을 받으며 큰 반향을 일으켰다. '한집안 5명 고시합격'이라는 명문가 스토리와 머리가 좋지 않아도, 사교육비를 많이 쓰지 않아도 공부 잘하는 법, 평범한 아이가 수재가 되는 공부법을 실제 경험을 바탕으로 알려 준 것이 대중의 큰 관심과 사랑을 받았기 때문이다.

송하성 교수는 《1313 송가네 공부법》에 이어 이번에 《기적의 송가네 공부법》을 집필하였다. 기적이 예외적으로 일어나는 것이 아니라 일상생활, 특히 공부에서도 일어날 수 있다는 논리를 펴고 있다. 최근에 나는 새에덴교회 금요 철야예배 시간에 '예수님의 기적 시리즈'를 강해하고 있다. 기적은 오래전에 일어난 화석화된 성경 기록이 아니라 지금도 우리의 일상에서 끊임없이 일어나고 있고 앞으로도 언제든지 일어날 수 있다.

이 책은 기적이 일어날 수 있는 여건, 아니 기적을 일으킬 수 있는 방법을 제시하고 있다. 그것을 이름하여 '제3의 눈'을 떠야 한다고 주장한다. 성경적으로 볼 때 제3의 눈은 기도함으로써 성령의 도움을 받아야 한다는 말과 일맥상통한다. 큰 제목을 보면 두뇌화 – 목표화 – 계획화 – 동작화 – 버릇화 – 소통화 – 몰입화 – 논리화 – 국제화이다. 제목만 보아도 무슨 내용인지 큰 흐름을 알 수 있을 정도로 쉽고 간결하다. 그러면서 내용은 깊고 풍부하다.

공부에 있어서 기적은 두뇌를 발전시키고 꿈을 꾸고 계획을 세우며 실천하는 과정을 반복하면서 부모와 소통하는 가운데 버릇이 되게 하고 몰입하면 상시적으로 기적이 일어난다는 것이다. 보편적으로 논술하는 법, 영어 잘하는 법까지 설명하고 있어 실용적인 교육 비결을 소개받기 원하는 부모와 학생들에게도 큰 도움이 될 것이다. 무엇보다 이 책은 신앙적인 관점에서 보면 명확하게 보일 것으로 사료된다.

송하성 교수는 창조적 통찰력과 깊은 영성이 조화를 이룬 강연과 집필 활동을 통하여 수많은 부모와 학생들에게 희망과 꿈을 심어주는 멘토로서 주목을 받고 있다. 앞으로 이 시대의 참된 교육을 위하여 더 크고 위대하게 쓰임 받을 수 있기를 기대한다. 또한, 이 책을 많은 부모와 학생들이 탐독하여 '기적의 공부', '기적의 삶'을 일으키는 새로운 계기가 되기를 기원한다.

소강석 목사
새에덴교회 담임목사

추천의 글

송하성 교수는 경제 관료 출신의 학자이다. 현장과 이론 양면에 밝은 이 나라에 소중한 인재이다. 항상 국가공동체를 위한 열정과 개혁적 사상을 키워 오고 있다. 수년 전에 송하성 교수가 워싱턴 DC에서 경제 외교관으로 활동할 때 송 교수를 만났다. 그때 그가 이런 요지의 이야기를 했던 것으로 기억한다.

"저는 경제기획원에서 초임 사무관으로 일할 때 국부National Wealth 조사 책임자로 일했습니다. 국부조사란 우리나라의 부富, 즉 재생산 가능한 유형 자산이 얼마인가를 계산하는 일이었습니다. 1979년 우리나라 국부는 그 당시 가격으로 약 13조 원 정도였습니다. 최근 통계청 발표를 보면 금융자산을 제외한 우리나라 국부 규모가 2008년 말 기준 총 6,904조 원이라고 합니다. 대단한 발전이지요. 그러나 어찌 이러한 것만이 나라의 부, 나라의 자산이 되겠습니까? 제가 생각할 때 진정한 국부 속에는 우리나라 청소년들이 가지고 있는 꿈, 창의력, 의지, 지식과 정보가 보태져야 한다고 봅니다. 사실 미래의 가장 큰 국부는 대한민국의 청소년들이 아니겠습니까?"

　아주 열정적이고 감동적인 이야기였다. 청소년들의 학력이 신장되는 것, 창의력이 피어나는 것, 공부 잘하는 것이 바로 그 자체가 국부가 아니겠는가 하는 이야기이다. 요즈음 우리 사회에서는 학부모들이 자녀들을 잘 공부시키기가 대단히 힘들다는 이야기가 많다. 솔직히 어떻게 공부시키는 것이 옳은지도 잘 모르겠고 학원비 등 사교육비의 경제적 부담도 너무 크기 때문이라고 한다. 그래서 심지어는 근래에 우리 사회에 출산율이 떨어지는 것도 자녀 교육의 비용이 너무 많이 들기 때문이라는 분석도 나오고 있다.

　그런데 이번에 송 교수가 집필한 《기적의 송가네 공부법》은 돈안 들이고 공부 잘할 수 있는 방법을 말해주고 있다. 그리고 그는 책에서 빌리 브란트 서독 수상 이야기도 덧붙였다.

　"19세기는 군사력이 강한 나라가 세상을 지배했고 20세기에는 경제력이 큰 나라가 세상을 좌지우지했다. 그러나 21세기는 자식 교육 잘 시키는 나라가 세계를 이끌어 갈 것이다." 이러한 이야기를 소개하면서 그는 다음과 같이 주장한다. "옛날 말에 개천에서

용이 난다. 또한, 그러한 세상을 만들어야 한다는 말이 있는데 그것은 어설픈 이야기이다. 개천 자체를 없애 버려야 한다."라고 주장한다. 올바른 공부법을 익히면 경제적 여건은 공부에 영향을 미칠 수 없으니 개천 자체를 없애는 것이 된다는 주장이다.

다시 말해 누구나 열정과 능력만 있으면 그리고 올바른 공부법만 익히면 돈이 없어도 공부 잘할 수 있고 또한 국가도 그러한 시스템이 구축되도록 정책적으로 도와야 한다는 주장이다.

송하성 교수의 주장은 자신의 삶 속에서 얻은 지혜인 것 같다. 송 교수 자신이 어려운 여건 속에서도 열심히 공부했고, 동생들이 공부를 잘할 수 있도록 이끈 것은 물론 두 아들 또한 보란 듯이 잘 키웠기 때문이다.

나는 송가네 공부법을 참고하여 우리 자녀들을 잘 키워보자는 뜻에서, 그래서 나라 발전에 기여하는 인재들을 많이 만들어 보자는 뜻에서 이 책을 추천한다.

박 세 일
서울대학교 명예교수
한반도선진화재단 명예이사장

머리말

《기적의 송가네 공부법》을 펴내면서

보통 우리 부모들은 힘들고 고생해도 자녀들은 잘되어야 한다, 성공해야 한다고 생각한다. 그러기 위해서는 현실적으로 자녀가 공부를 잘해야 하지 않겠는가. 그래야 성공 길에 가까이 갈 수 있는 것이 불문가지이다. 그런데 부모가 원하는 대로 되지 않을 때가 많다. 머리도 좋아야 하고, 사교육비가 많이 드는 것이 다반사이다. 이런 고민을 하던 중 4년 전 즈음에 《1313 송가네 공부법》을 펴냈다. 베스트셀러가 되었다. 하지만 시간이 지나면서 아쉬운 부분이 상당히 있었다. 핵심은 자녀들의 공부에 있어서 기적적인 일이 가능하냐는 것이다. 특별한 경우가 아니라 일반적으로.

나는 스스로 공부하고 동생들과 아들들 그리고 제자들을 가르치면서 공부에 있어서도 기적이 가능하다는 결론을 내렸다. 어떻게 가능한가. 《기적의 송가네 공부법》이라 이름하여 이곳에 그 길을 기록하였다.

두뇌는 고정되어 있는 것이 아니고 발전하게 되어 있다. 하버드 대학교 하워드 가드너 교수의 주장도 나의 생각과 일치한다. 머리 즉 두뇌가 좋아지려면 꿈을 가져야 하고 열정이 있어야 하며 공부에 임하는 태도 또한 달라져야 한다. 궁극적으로는 좌·우뇌를 잘 발전시켜야 함은 물론 '제3의 눈'을 가져야 한다. 제3의 길까지 터득해야 한다는 것이다. 이것은 기독교에서는 하나님과 통하는 것 즉, 성령과 함께하는 것이라 이름한다. 여타 종교에서도 기도를 통해 이 길을 터득한다고 말한다. 이 책에서는 이 길까지 들어가고자 한다. 그래서 공부의 기적을 체험하고자 하는 것이다.

이 책이 나오기까지 적극적으로 도와주신 이재운 작가와 자신이 쓴 책 《한국인을 위한 유대인 공부법》, 《예즈딤 영재교육》을 조건 없이 인용하도록 배려해주신 이대희 교수님께도 심심한 사의를 표한다. 끝으로 이 책을 출판해 주신 박정태 회장님께 깊은 감사를 드린다.

2015. 8

서대문 연구실에서 **송 하 성**

경기대 교수, 경제학박사, LL.M

● 목차

● 목차

● 목차

자녀 공부를
위한 고민

기적의 송가네 공부법

학문하는 것은 거울을 닦는 데 비유할 수 있다. 거울은 본래 밝은 것이지만 먼지와 때가 겹겹이 끼니 약을 묻혀 갈고 닦아야 한다. 계속해서 두 번 닦고 세 번 닦는다면 힘이 점점 적게 들고 거울의 밝음도 벗겨낸 때의 분량만큼 점점 드러날 것이다.

- 퇴계 이황(1502~1571)

한국 교육, 출구가 있는가?

요즘 부모들은 목마름을 가지고 있다. 과거에는 노력하면 성공한다는 믿음이 있었으나 요즘은 노력해도 성공하지 못한다고 생각한다.

우리나라 부모가 자녀에게 원하는 것은 무엇일까? 더 말할 것도 없이 자녀가 잘되고 성공하는 것이다. 그러려면 자신이 원하는 학교에 들어가야 하고 취업도 잘해야 한다. 전제 조건은 무엇인가? 공부를 잘하는 것이다. 여기에 창의력까지 보태 진정 공부를 잘하는 것이다. 어떻게 해야 공부를 잘할 수 있을까? 저자는 '송가네 공부법'으로 가능하다고 확신한다.

창의력 증진도 교육으로 가능하다. 이것은 영역 파괴이고 융복합이다. 전혀 관계가 없는 것처럼 보이는 두 개 이상의 것에서 공통점을 찾아서 서로 연결시키는 것이다.

현재 우리나라 교육 사정은 매우 심각하다고 볼 수 있다. 교사

대부분이 학과 과정을 잘 따라오는 아이들 중심으로 공부를 진행한다. 그리고 학교는 상위 대학 입학률에 의한 학교 평가에만 관심이 쏠려 있다. 그러다 보니 뒤처지는 아이는 부모의 몫이다. 이런 상황에서 부모는 당연히 사교육에서 도움의 손길을 찾을 수밖에 없다. 그렇다고 학원을 보내면 문제가 해결되는가? 천만의 말씀이다.

학교에서 공부가 안 되는 아이는 학원에 가도 큰 효과가 없다. 학원, 과외, 인터넷 강의 등이 학생들의 공부를 책임져 준다고 말하지만 그것은 임시방편일 뿐이다. 대개 공부 잘하는 학생들의 공통적인 특징은 자기만의 공부법을 터득하여 공부한다는 것이다. 학교나 학원에 의존하기보다는 자기 스스로 공부한다. 이렇게 공부하는 1~2%의 학생들 이외에는 대부분 자기주도적인 공부를 하지 못하고 학원이나 과외나 인터넷 강의에 의존하며 겨우 진도를 따라가는 수준이다.

더 큰 문제는 교사와 부모들도 이런 사실을 알고 있지만, 마땅한 방법이 없어 그냥 시류를 따라간다는 것이다. 자녀 공부를 위해 사교육에 큰 비용을 지불하지만 그 효과는 미미하다. 유학, 홈스쿨링, 대안학교 등도 시도해보지만 그 역시 쉽지 않은 모험이다. 모든 부모는 우리 아이가 공부를 잘하기를 원한다. 자녀들 역시 공부를 잘해서 부모의 기대에 부응하고 싶어 한다. 하지만 현실은 만만치 않다. 갈수록 더해지는 치열한 경쟁 속에서 앞길은 더욱 희미해질 뿐이다. 지금도 해결의 출구를 찾지 못하고 방황하는 학부모와 자녀들이 얼마나 많은지 모른다.

더 큰 문제는 학교를 졸업했다고 공부 문제가 해결되는 것이 아니라는 점이다. 공부는 평생 해야 하는 필연의 과제다. 피할 수 없는 인생의 문제인 것이다. 학교를 졸업하고 세상에 나와 가정을 이루고 직장을 다닌다고 해서 공부가 사라지는 것일까. 그렇지 않다. 학교 공부보다 더 어렵고 치열한 인생 공부가 기다리고 있다. 그래서 수많은 인생의 선배들이 '공부가 제일 쉽다'고 이야기하는 것이 아닐까.

이렇게 보면 공부는 어느 한 개인이나 특수한 학생만의 문제가 아닌 국가 대사大事다. 공부는 학교로만 끝나지 않고 평생 공부와 인생 공부로 이어진다. 하루빨리 자기에게 맞는 공부법을 터득하는 것이 필요하다.

인간은 누구나 길면 90여 년을 산다. 출생부터 유아기 소년기 청년기 장년기 노년기의 인생 과정을 생애 주기 시스템이라고 말하는데, 사람마다 기간의 차이는 조금씩 있겠지만 그 과정은 대부분 같다. 공부도 마찬가지다. 공부를 잘하고 싶다면 공부 시스템을 이해하면 된다. 실제로 공부 잘하는 사람들은 자신에게 맞는 자기만의 공부법이 있다. 하지만 많은 사람이 이런 시스템 없이 '그냥' 공부한다.

공부 시스템을 알고 공부하면 공부가 쉽고 즐거워진다. 점점 가속도가 붙으면서 공부의 재미를 느끼게 된다. 게다가 공부의 시스템을 한번 체득하기만 하면 평생 공부를 즐기는 삶이 가능하게 된다.

우리는 그동안 이런 공부 시스템을 가지지 못했다. '시스템은 무슨 시스템? 그냥 열심히 하면 되는 거지.' 하면서 지내왔다. 부모들이 가장 많이 하는 말이 있다. "공부 열심히 해." 그래서 온종일 책상에 앉아 공부하지만 생각처럼 공부가 되겠는가. 부모님에게 공부하라는 잔소리를 수없이 듣지만, 이상하게도 그럴수록 공부는 더 하기 싫다. 이상한 것은 공부하라고 수없이 말하면서도 어떻게 공부하는지 가르쳐주는 사람은 거의 없다는 점이다. 자세한 공부법을 가르쳐주지 않고 오직 '공부하라'고만 말할 뿐이다. 그러다 보니 공부하는 입장에서는 답답하기 짝이 없다. 책을 들여다보지만 이해가 힘들고, 열심히 학교 공부를 따라가려고 하지만 생각처럼 쉽지 않다. 그럴수록 자기 자신에 대해 더 짜증이 난다. 이런 시간이 반복되면 공부가 즐거울 리 없다. '이렇게 지겨운 공부를 과연 계속 해야 할까?' 하는 의문이 들면서 더 깊은 자책과 고민에 빠지게 된다.

지금 우리 교육의 수많은 문제는 공부와 긴밀하게 연결된다. 스스로 공부할 수 있는 능력만 있다면 우리가 고민하는 교육의 문제는 상당 부분 해결될 것이다. 이렇게 보면 교육은 공부 문제요, 공부는 자신만의 공부법을 얼마나 터득하느냐에 달려 있다고 보면 된다.

"어떻게 하면 공부를 잘할 수 있을까?"

누구나 관심이 있는 주제다. 그래서 수많은 공부의 신神들이 자신의 특별한 공부 비법을 소개하고 있다. 하지만 그런 공부법은 어느 한 사람이 경험한 개인적인 공부법이기에 배경과 상황이 다른 사람에게 그대로 적용하는 것은 무리가 있다. 그대로 사용해 보지만 큰 효과를 얻지 못하고 더 좋은 공부법들을 계속 찾는 악순환이 생긴다. 또 이러한 공부법들은 학과 점수를 올린다든지, 우리나라 유명 대학이나 미국 대학에 좋은 점수로 들어갔다는 정도의 지식 습득 방법론에 머무는 것이 대부분이다. 어느 정도는 도움을 얻을 수 있을 것이다.

참고로 유대인 공부법을 살펴보자

유대인 공부법은 한마디로 국민 1%만을 천재로 만드는 레드오션이 아닌 국민 100%를 천재로 만드는 블루오션 공부법이다.

유대인 공부법처럼 세계적으로 수천 년 동안 전수되고 검증된 국민적 공부법은 없다. 더 중요하게 살펴봐야 할 것은 유대인 공부법이 학과 공부를 넘어 평생을 이기게 하는 전인적 공부요, 자녀뿐 아니라 성인에 이르기까지 모두에게 적용할 수 있는 전천후 공부법이라는 점이다.

"물고기를 주어라. 한 끼를 먹을 것이다. 물고기를 잡는 법을 가르쳐 주어라. 평생을 먹을 것이다."

《탈무드Talmud》에 나오는 말이다. 이것은 유대인 교육을 표현할 때 가장 많이 인용되는 것으로 유대인 공부법의 특징을 한마디로 요약해주는 구절이다. 계속 생겨나는 세상 지식을 다 공부하기란 불가능하다. 그렇다면 어떻게 할까? 공부법을 터득하면 된다.

그동안 우리에게 수많은 공부법이 소개되었지만 대부분 서구식 공부법이 주를 이루었다. 실제 우리나라의 학교 교육은 모두 서구식 교육법을 따르고 있다. 유대인 공부법은 지식과 이성을 중심으로 한 헬라식 서구 공부와는 다르다. 유대인 공부는 마음·오감·신체·지식·지혜에 이르는 전인적인 공부법으로 학교를 졸업한 후에도 평생 적용할 수 있다. 또한, 부모와 자녀, 교사와 학생이 함께 공부하는 시스템으로 자손 대대로 전수가 가능한 공부법이다.

우리는 지식을 쌓고 기술을 습득하는 면에서 공부법을 이해하지만, 유대인 공부법은 인간 자체를 공부한다. 즉 좋은 학교에 들어가고 시험을 잘 보기 위한 공부법을 넘어 인간을 인간 되게 하는 공부법이다. 무엇을 이루기 위해 공부하기보다는 자신이 행복한 공부를 하면, 나머지는 자연히 따라온다는 것이 유대인의 생각이다. 이런 유대인의 공부법을 일부 벤치마킹할 필요가 있다.

물론 유대인 공부법에도 문제가 있다. 특히 우리와 다른 문화적 배경을 무시한 채 유대인 공부법을 적용하는 것은 바람직하지 않다. 유대인이 갖지 못하는 우리만의 강점을 고려해야 한다. 대한민국의 교육 체계를 바꾸는 것은 시간을 요하는 것이고 현실적으로 부모가 할 수 있는 일은 자녀들이 공부를 열심히 잘해서 자기가 원하는 학교에 진학하도록 돕는 것이다. 대학에 들어가서도 자기가 원하는 직장에 들어가도록 하는 것이다. 즉, 막힌 한국 교육의 출구를 뚫어주는 것이다. 그런데 어떻게 뚫느냐는 물음에 '송가네'가 경험과 '제3의 눈'으로 발견한 방법을 설명하고자 한다. 실제 체험되지 못한 일은 이론으로 끝나기 때문이다. 지금부터는 그 길을 설명할 것이다.

CHAPTER 2

제3의 눈

기적의 송가네 공부법

목표 없는 삶이란 죽음과도 마찬가지이다. 인생에서 가장 고통스러운 것은 꿈에서 깨어났을 때 갈 길이 없는 것이다. 꿈을 꾸고 있는 사람은 그래도 행복하다. 아직 갈 길을 발견하지 못한 경우라면, 가장 긴요한 것은 그를 꿈에서 깨우지 않는 것이다.

-루쉰,《아침 꽃을 저녁에 줍다》에서

우리 자녀를 창의적인 인재로 키우는 길

예전에는 휴대전화로 통화만 하는 것으로 알고 있었으나 인터넷이 더해지면서 더 이상 휴대전화가 아니다. 세계를 품는 움직이는 컴퓨터가 된 것이다. 스마트폰 하나만 있으면 온 세계가 연결된다. 애플은 휴대전화를 직접 만들지는 않아도 세계적으로 아웃소싱하여 전화기에 인터넷을 연결함으로써 아이폰이 탄생했고 이제는 지구를 담아버렸다.

우리가 이와 같은 창의적 사고를 하여 우리 아이들에게 가르침을 교육한다면 스티브 잡스가 되고 제2의 빌 게이츠가 된다. 서울대학교 의대생들이 부전공으로 공대 과목을 하는 사례가 늘고 있다. 이것은 의학적 지식 플러스 공학이 융복합되어 획기적인 그 무엇이 나올 가능성이 크기 때문이다.

>> 01 이제까지 자동차는 운송 수단에 불과했다. 그러나 지금은 자동차에 컴퓨터가 융합되고 있다. 주행 중에 사고가 날 것 같으면 브레이크가 작동되어 서고, 졸면 깨워주고, 스마트폰으로 버튼만 누르면 주차장에서 차가 저절로 나온다. 무인자동차 시대가 눈앞에 와 있다. 우리나라 모 자동차 기업은 자동차를 단순한 교통수단으로만 알고 자동차에 컴퓨터가 결합될 것이라는 생각을 하지 못했던 것 같다. 이 기업은 과거 자신의 자동차의 지분을 거의 다 외국회사에게 팔고 조금의 주식만 남아 있을 뿐이다.

되돌아보면, 전자 기업을 잘 운영한 회사는 세계적으로 자동차를 가장 잘 만들 수 있는 회사가 될 수 있었다. 이제 자동차는 컴퓨터 덩어리가 된 것이다. 이것을 일찍 통찰하였다면 우리나라 모 자동차 기업은 세계적인 자동차 회사가 되었을 것이다.

>> 02 전기자동차는 무공해이다.(전기를 만들기 위해 많은 화석연료를 사용하기 때문에 무공해가 아니라는 반론도 있지만) 많은 디젤자동차는 미세먼지를 많이 발생하기 때문에 유럽에서는 줄이거나 없애려고 하고 있다. 그런데 공해가 없는 전

기자동차는 1억 원 내외라고 한다. 1억 원 정도의 전기자동차를 사더라도 충전시설 즉 인프라가 곳곳에 깔려 있어야 한다. 충전시설을 전국에 설치하려고 하면 엄청난 돈이 들어간다. 이 문제를 동시에 해결하는 신神의 한 수가 없을까?

있다. 전기자동차 배터리를 렌탈로 하는 제도로 바꾸는 것이다. 전기자동차는 전기로 가기 때문에 배터리 비용이 전체 차 가격의 70%를 차지한다고 한다. 그리고 배터리를 충전시키려면 충전소도 많아야 하지만 충전하는 데만 5~6시간이 걸리고 급속 충전은 30분 정도로 할 수 있는데 비용이 무척 비싸다. 그렇다면 정수기를 사지 않고 리스하는 것처럼 배터리를 렌탈하여 충전할 때 갈아 끼우도록 한다면 가능한 일이다. 그러면 배터리를 갈아 끼우는 시간도 크게 단축되어 1분 남짓밖에 걸리지 않는다.

그리고 배터리 가격만 렌탈로 대체해도 자동차 가격은 70%나 줄어든다. 2016년까지 정부가 4만 대의 전기자동차를 보급한다고 보도했는데 바로 이를 충족하는 신의 한 수가 바로 이것이다. 충전소에서는 미리 배터리를 충전시켜 놓고 바로 갈아 끼우도록 하면 될 것이다. 우리의 미래의 먹거리 성장 동력은 무엇인가? 이것을 찾아서 우리 자녀들이 타고난 저마다의 소질을 계발할 수 있도록 전공을 이끌어야 한다.

>> 03 1999년 구글 창업자가 익사이트라는 회사의 CEO에게 구글을 100만 달러 정도에 사갈 것을 제안하였다. 구글 창업자는 익사이트 CEO가 매입할 의사를 보이지 않자 80만 달러 정도로 깎아주었다. 그래도 사지 않았다. 그때 구글은 초보적인 검색 엔진 회사에 불과하였다. 그런데 컴퓨터가 스마트폰에 연결되면서 안드로이드라는 소프트웨어를 개발한 구글의 주식 시가는 이제 400조 원 이상에 달한다.

>> 04 세상에는 창업의 기회, 성공의 기회가 널려 있다. 하버드 대학에서 컴퓨터공학을 전공한 네이선블레차르지크, 친구 브라이언체스키, 조 게비아는 젊은 날에 새로운 발상을 했다. 세상에 널려 있는 것이 집이고 방인데 왜 비싸게 호텔에 묵는 건가? 좋은 방을 싸게 연결시킬 수 없을까? 그래서 일시적으로 빈 방을 수요자와 연결하여 재벌로 성장한 성공 케이스다.

2008년 8월에 창립되어 캘리포니아 주 샌프란시스코에 본사를 둔 에어비앤비는 온라인 및 모바일에서 전 세계의 독특한 숙소들을 사람들이 올리고, 발견하고, 예약할 수 있는 믿을 만한 공동 시장이다.

에어비앤비는 사람들을 특별한 여행 경험으로 이어준다. 하룻밤 지낼 아파트, 일주일 동안 지낼 수 있는 성, 한 달 동안 지낼 수 있는 빌라 등 다양한 가격대의 숙소가 세계 3만 4,000개 도시, 190개국에서 여행자를 기다리고 있다. 그리고 세계적인 수준의 고객 서비스와 지속적으로 성장하고 있는 사용자 커뮤니티는 에어비앤비를 사람들이 자신들의 남는 공간을 통해 수익을 창출하고 이를 수백만 명의 청중들에게 보여줄 수 있는 가장 쉬운 도구로 만들어 준다.

>> **05** KBS 〈슈퍼맨이 돌아왔다〉 프로그램에 출연하는 세쌍둥이에 대하여 이야기하고자 한다. 이 프로에서 세쌍둥이에게 자연학습을 시키는데 나무에 애벌레가 있는 것을 보고 만세가 무엇이라고 말했을까?

보통 부모 시각에서 보면 애들이 이렇게 말했을 것이라고 이야기한다.

"징그러워요", "싫어요", "무서워요."

고리타분한 기성세대는 아이들의 세계를 들여다볼 수 있는 눈이 없어 창의적인 교육을 시킬 수 없다. 만세는 애벌레를 보고 이렇게 말한다.

"이것은 새우 아니야?"

"왜 새우야?"

"등이 구부러져 있잖아!"

이러한 새로운 시각으로 세상을 볼 수 있어야 융복합이 나올 수 있고 새로운 것이 나올 수 있다. 세쌍둥이는 캠핑 가서 삼겹살만 구워 먹고 노는 것이 아니라 인형극을 했다고 한다. 창의적인 생각을 불붙게 하기 위한 부모의 배려이다. 요즘 책 읽는 것을 재미없어 하는 아이들의 심리를 간파한 것이다. 스마트폰에는 동영상이 나오는데 누가 답답하게 책을 읽을 것인가? 부모들이 읽어주는 책도 건성으로 듣기 일쑤다. 그래서 인형극을 하는 것이다.

자동차는 사람을 싣고 다니는 도구이고, 컴퓨터는 앉아서 자료 찾는 도구라면 컴퓨터와 자동차가 무슨 상관이 있겠는가. 애벌레를 보고 징그럽다, 무섭다, 싫어요 하는 이야기는 누구나 하는 얘기다. 이렇게 해서는 창의적 사고와 취업으로 이어지지 않는다. 어릴 때부터 바다에 사는 새우와 숲 속 나무에 있는 애벌레와 공통점을 찾을 수 있는 안목을 찾아주어야 한다.

제3의 눈은 이 길과 저 길이 아닌 차원을 넘어서는 길이다.

제3의 눈을 떠라

'제3의 눈'이란 미래를 보는 지혜, 통찰력, 그리고 창의적 사고와 이를 토대로 하여 기적이 일어나게 하는 것이라 정의한다. 미래를 잘 보지 못하는 사례, 즉 제3의 눈을 뜨지 못하는 실례는 너무 많다. 특히 20세기에는 미래를 잘못 본 사람들이 유독 많은데, 그중에는 컴퓨터의 등장으로 행운을 거머쥔 빌 게이츠도 끼어 있다.

이하의 글은 어느 라디오와 테이프에서 들은 이야기를 옮겨 쓴 것이다. 빌게이츠 그는 1981년에 "640KB면 누구에게나 충분하다."라고 말한 적이 있다. 요즘처럼 수백 기가, 아니 테라바이트킬로바이트 KB가 210, TB가 240이다를 쓴다는 건 상상도 하지 못했던 듯하다.

샘 월튼Sam Walton의 경우도 그렇다. 그는 할인 소매점 시스템을 기획하고 이 아이디어를 팔려고 노력했지만 사 주는 데가 없어 그가 직접 가게를 차렸다. 물론 월튼은 끝없는 변화와 혁신을 통해 이 가게 월마트를 키워 세계 5위 그룹으로 성장시켰다. 그가 아니었다면 월마트는 세상에 나오지 못했을 것이다.

부부나 형제나 부자지간에도 서로의 미래를 보지 못하는 경우가 많다. 특히 교사들이 자식이나 학생의 미래를 잘 읽지 못하는 사례는 부지기수다. 에디슨을 초등학교 1학년 때 퇴학시켜 버린 교사가 있는가 하면, 아인슈타인에게 미래가 전혀 없는 학생이라고 비아냥거린 교사도 있었다. 몰락 왕손인 이하응을 보고 궁(窮)도령이라며 손가락질하던 안동김씨 세도가들은 불과 몇 년 만에 그의 손에 줄줄이 숙청당해야 했다.

심지어 자식을 보는 눈도 그렇다. 아버지 요한 밥티스트 스트라우스 Johann Baptist Strauss는 보잘것없는 제본장이에서 세계적인 음악가로 성장했다. 그 자신이 내면에 숨어 있는 음악적 재능을 개발해 음악가로 성장했는데, 막상 그의 장남 요한 스트라우스가 음악을 하려고 하자 이를 막고 경영학을 공부시켰다. 졸업 후에는 은행 회계원으로 보냈다. 그런데도 아들이 음악을 하려 하자 법원에 소송을 걸어 직업을 바꾸지 못하도록 방해하기도 했다. 하지만 이 장남은 음악 공부를 계속하여 아버지의 명성을 훨씬 뛰어넘는 위대한 음악가로 성공했다.

존 로지 베어드 John Logie Baird가 1925년 12월 18일 텔레비전을 발명했을 때, 이 소식을 들은 하버드 대학의 체스터 도즈 교수는 "어두컴컴한 실내에서 계속 보아야 하기 때문에 텔레비전은 결코 대중 사이로 파고들지 못할 것이다."라고 주장했다. 하지만 그는 잘못 보았다. 텔레비전은 흑백에서 컬러로 발전하면서 오늘날 가장 중요한 매체가 되었다.

전화의 경우도 그렇다. 당시 모르스의 전신기술이 개발된 뒤 전신 사업 분야를 독점하고 있던 웨스턴유니언사社는 전화를 발명한 벨이 찾아와 사업화를 문의했지만 '통신 수단으로 고려할 가치가 없을 뿐 아니라 우리에게 아무 소용도 없는 물건'이라며 거절했다.

웨스턴 유니언의 이런 시각은 막상 그의 회사에서 일하고 있던 엘리샤 그레이가 벨보다 훨씬 더 전에 전화를 발명해 놓았지만 이를 중시하지 않아 특허를 놓치도록 만들기도 했다. 기술이 변하면 세상이 변한다는 걸 이들은 무시한 것이다. 미래를 보지 못하는 가장 큰 이유는 '세상은 오늘 이 순간 그대로 영원하리라'고 믿는 오만 때문이다. 1분 1초도 같은 세상은 없다. 이것은 진리다.

오늘날 익일 배송 서비스 분야에서 매우 뛰어난 업적을 자랑하고 있는 페덱스FEDEX도 이 시스템을 고안해낸 프레드 스미스Fred Smith가 담당 교수로부터 망신을 당한 적이 있다. 스미스는 사업화를 하기 전에 논문으로 익일 배송 시스템을 써서 제출했는데, 경영학 교수는 "C학점 이상 받으려면 실현 가능성이 있어야 한다."라며 학점을 주지 않았다.

또한, 미국 특허청의 찰스 H. 듀얼이라는 사람은 "발명할 만한 것들은 이미 다 발명되었다."라고 말했는데, 이게 1999년도 아니고 100년도 더 전인 1899년의 일이다. 토마스 에디슨이 죽기도 전의 일이니 얼마나 황당한 말인가. 그 뒤로 얼마나 많은 발명이 이루어졌는지 안다면 그는 부끄러워 무덤에서도 엎드려 있어야 할 것이다.

로버트 고다드Robert Hutchings Goddard가 로켓을 발명했을 때 뉴욕 타임스는 "고다드 교수는 작용 반작용의 법칙도 모른다. 그는 요즘 고등학교에서도 가르치는 그런 기본적인 지식조차 없다."라고 악평을 해댔다.

저 유명한 존 레논이 비틀즈를 결성하여 그들의 노래와 연주를 녹음한 것을 가지고 데카레코드사에 간 적이 있었다. 하지만 레코드사는 "음향이나 기타 치는 소리나 마음에 드는 게 하나도 없어." 하고는 거절했다. 그들은 자신들을 찾아온 엄청난 행운을 걷어차 버린 셈이다. 그러면서도 실패할 신인 가수들을 찾아다니느라 애쓰고 큰돈을 썼을 것이다.

1950년 초반 젊은 앨비스 프레슬리Elvis Aron Presley 역시 목소리가 좋지 않다는 이유로 복음성가 그룹에서 거절당했으니까, 이런 일은 한두 번이 아니고, 지금도 계속되고 있을 것이다.

무성 영화가 한창일 때 유성 영화 기술이 나오자 그 유명한 워너브라더스Warner Bros의 해리 워너Harry Warner는 "굳이 배우의 목소리를 듣고 싶어 하는 사람이 어디 있다고 그래?" 하면서 유성 영화 제작을 거부하고 무성 영화만 고집했다. 이것은 마치 컬러 사진을 거부하고 흑백 사진만이 예술이라고 고집하고, 손으로 원고를 써야 글이지 타자기나 컴퓨터를 쓰면 글도 아니라고 주장하는 것과 다를 바 없다. 길은 정해져 있는 것이 아니다. 가면 길이고, 가야 길이다.

1992년 대통령 선거 때 모 대통령후보는 다음과 같은 캐치프레이즈로 국민의 마음을 모았다.

"처음에는 길이 없었다. 그런데 그가 가니 길이 되었다." 참으로 감동적인 이야기이다.

1968년 스위스 과학자가 전자시계를 발명했을 때 시계업자들은 태엽 시계의 고정관념에서 벗어나지 못한 채 이 기술을 활용하는 걸 거절했다. 하지만 전자시계를 적극적으로 받아들인 일본 업체들은 전 세계 시계시장의 65% 매출과 80~90%의 이익을 차지하던 스위스를 매출과 순이익 20% 이하로 떨어뜨렸다. 이처럼 변화를 눈치채거나 대비하지 못하면 알지도 못하는 사이에 손해를 보고, 위기에 빠져들 수가 있다. 내 것이라고 언제까지나 내 것이 될 수는 없다. 몸뚱이조차 죽으면 한 줌 재가 되는데, 하물며 보이지도 않는 기술이며 능력 따위로 교만을 떨 수는 없다. 도둑은 따로 있는 게 아니라 무지가 도둑이다. 무식한 친구는 원수보다 무섭다는 걸 잊지 말자.

사실 너무 평범한 진실조차 기적이라고 불리는 경우가 많다. 어찌나 사소한지 알고 나면 웃음이 나온다. 하지만 눈을 두 개 가진 사람들은 끝내 그런 기적을 결코 보지 못한다. 브레인워킹

brainworking을 부지런히 해야만 제3의 눈을 뜰 수 있다.

오티스가 엘리베이터를 발명한 초기, 이용자들은 난생처음 보는 엘리베이터를 신기하다고 생각해 다투어 타보았다. 하지만 시간이 지나면서 엘리베이터가 왜 이렇게 느리냐고 투덜거리기 시작했다. 초창기 엘리베이터는 안전 문제, 기술 문제 등으로 속도가 대단히 느렸다.

막상 불만이 나오기 시작하자 차라리 걸어 올라가는 것이 낫다는 말까지 나오고, 답답하다, 숨 막힌다는 등등 제품의 효용 가치가 떨어지기 시작했다. 한마디로 쓸데없는 발명품이 될 지경이었다.

이때 오티스 엘리베이터 회사는 어떻게 해야 할까?

더 속도가 빠른 엘리베이터를 만들어야 하는데, 당시 기술로는 도저히 방법이 없었다. 전동기 방식도 훨씬 이후에 나온 기술이다.

이 문제를 풀기 위해서는 공학이나 수학 능력이 필요하지 않다. 학력도 필요 없다. 왜냐하면, 학교 시험 문제에는 절대로 등장하지 않는 현실 상황이기 때문이다. 과거나 현재의 일이라면 도서관에서 답을 찾을 수 있지만 이처럼 세상에 존재하지 않은 미래 문제를 푸는 데는 아무 소용이 없다. 외우고 싶어도 외우는 게 아니니 더 어렵다. 따라서 공부 잘하는 머리만으로는 풀리지 않는다.

제3의 눈으로 풀어보자. 사람들은 빌딩 계단을 걸어서 오르내리는 것보다 엘리베이터를 타고 가는 걸 좋아한다. 다만 너무 느리니까 불평이 많다. 어떻게 해야 이 불만을 해소시킬 수 있을까?

세상에서 만나는 문제는 대개 이런 식이다. 교과서에 나와 준다면 좋지만 교과서란 이미 지나간 지식이고, 미래는 아무도 겪어보지 않은 새로운 지식, 기술이 변화된 환경 속에 다가온다.

이 문제 앞에서 제3의 눈을 뜬 사람은 놀랍게도 발명가도 기술자도 아니었다. 그들이 머리를 싸매며 끙끙거려도 안 되는 난관을 한 평범한 여성 관리원이 거뜬히 해결했다. 이 여성은 엘리베이터 벽에 거울을 설치하여 이 문제를 감쪽같이 풀었다. 엘리베이터 벽면에 거울이 설치되자 승객들의 불만은 깨끗이 사라졌다. 엘리베이터의 속도는 조금도 빨라지지 않았지만 승객들은 엘리베이터의 속도에 아무도 이의를 제기하지 않았다.

원리는 간단하다. 거울이 탑승객의 시간 감각을 늦춰준 것이다. 엘리베이터에 탑승한 사람들은 원하든 원하지 않든 거울을 보게 되고, 거울 속의 자신을 들여다보면서 순간적으로 엘리베이터의 속도를 잊어버린다. 흘러내린 머리카락을 한번 쓸어올리고, 옷깃을 정돈하는 사이 어느새 문이 열리는 것이다. 이 여성 관리인은 사람들이 느끼는 시간 감각을 늦춤으로써 엘리베이터의 상대 속도를 올린 것이다.

한편, 거울이 없을 때는 사면이 벽으로 막혀 있는 좁은 공간에 갇혀 있다는, 즉 폐소공포증 비슷한 불안 심리 때문에 시간 감각이 더 느려진다. 당황할수록 시간이 더 길게 느껴지는 원리다. 이처럼 시간에도 상대성원리가 작용한다.

명작과 성경에서 '제3의 눈'을 찾아보자

≫ 01

셰익스피어가 1596년에 쓴 작품 《베니스의 상인》이라는 유명한 고전이 있다.

베니스의 상인 안토니오는 친구 바사니오가 구혼하기 위한 여비를 마련해 달라고 부탁을 해 배를 담보로 유대인 고리대금업자 샤일록에게 돈을 빌렸다. 만일 돈을 못 갚을 때엔 자신의 살 1파운드를 제공하겠다는 증서를 써주었다. 그런데 안토니오의 배가 기한 내에 돌아오지 않아 채무를 못 갚게 되었다. 사일록에게 생명을 잃을 위기에 처한다. 이때 재판관이 된 포샤가 "잠깐 기다려 샤일록! 안토니오 살을 칼로 잘라갈 수 있지만 피를 흘려서는 안된다. 채권채무증서에 피까지 준다는 말이 없다!" 하여 샤일록이 패소하였다. 이때 재판관 포샤는 제3의 길을 찾은 것이다.

≫ 02

간음을 하다가 현장에서 붙들린 여인을 반대파들이 예수께 데리고 왔다. "간음하다 현장에서 붙들렸습니다. 어떻게 하시겠습니까?" 당시 율법에 의하면 간음한 여인은 돌로 쳐 죽이게 되어 있었다. 만약 돌로 쳐 죽이라고 하면 사랑과 자비가 없는 예수가 된다. 살려주라고 하면 율법을 어긴 사람이 된다. 예수는 시간을 조금 지체하다가 이렇게 말했다. "너희 중에 죄 없는 자가 먼저 돌로 쳐라." 사람들은 양심의 가책을 받고 하나둘씩 모두 흩어지고 말았다

》》03
반대파들은 다시 예수에게 와서 물었다.
"로마 황제 가이사에게 세금을 내야 합니까? 하나님께 물질을 드려야 합니까?"
그때 이스라엘은 로마의 식민지였기 때문에 '세금을 내지 마라.'라고 하면 현행법을 어긴 결과가 되고, '세금을 내라.'라고 하면 로마에 협조하는 매국노가 된다. 예수님은 말했다.
"가이사의 것은 가이사에게, 하나님의 것은 하나님에게 바쳐라."
아무도 이의를 제기할 수 없었다.

제3의 눈으로 풀어보자

이번에는 제3의 눈으로 다음 문제를 풀어보자.

문제 1

옛날에 런던의 상인 하나가 악독한 고리대금업자로부터 막대한 빚에 시달렸다. 고리대금업자는 이 상인의 아름다운 딸에 눈독을 들이며 게임을 제안했다.

대금업자는 가죽 주머니 속에 흰 돌과 검은 돌을 하나씩 넣는다. 딸은 눈을 감고 그중에 하나를 고른다. 검은 돌이 나오면 딸은 대금업자의 아내가 되고 빚은 없어진다. 그리고 흰 돌이 나오면 딸은 아버지와 함께 살게 되고 빚도 탕감된다.

대금업자는 상인과 딸을 조약돌이 잔뜩 깔린 정원으로 불렀다. 그리고 스스로 정원에서 돌을 골라 주머니에 넣었다. 그러나 여기서 악랄한 대금업자가 주머니에 넣은 돌은 둘 다 검은 돌이다.

딸은 이 광경을 똑똑히 보았다. 그렇다고 돌을 고르지 않으면 아버지는 감옥으로 보내진다. 이 딸은 어떻게 해야 할까. 물론 이 딸은 고리대금업자와 결혼하기 싫다.

이 문제도 보자.

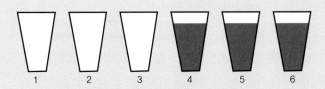

물컵이 6개 있다. 4, 5, 6번 컵에는 물이 들어 있고, 1, 2, 3번 컵은 비어있다. 오직 컵 한 개만 움직여 물이 들어 있는 컵 옆에 빈 컵이 있게 하라.

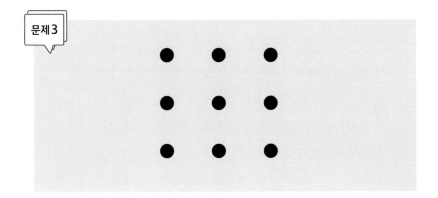

점 9개가 있다. 이어지는 직선 4개로 점 9개를 모두 연결하라.
이제 제3의 눈으로 3문제의 해답을 생각해 보자.

답 1

고리대금업자의 주머니 속에는 어차피 검은 돌 두 개뿐이다.
어떤 걸 선택해도 검은 돌을 쥐게 된다. 그러므로 딸은 돌 한
개를 잡은 다음 고리대금업자나 제3자가 보지 못하도록 멀리
던져버리거나 돌이 가득한 땅에 버리면 된다.

"남아 있는 돌을 보면 제가 어떤 돌을 집었는지 알겠군요?"

이러면 끝난다. 물론 증인이 있어야만 문제가 해결되지 딱 3
명만 있는 곳에서는 이런 지혜를 발휘해도 고리대금업자가 억
지를 부리면 소용이 없다. 반드시 사람이 많은 곳에서 해야 한
다.

답 2

그 다음은 컵 한 개만 움직여 물이 들어 있는 컵 옆에 물이 비
어 있는 컵을 놓도록 하는 문제를 보자. 컵을 아무리 움직여도
안 된다. 답은 간단하다. 5번 컵을 들어 2번 컵에 물을 부은 다
음 제자리에 갖다 놓으면 된다. 보통 사람들은 컵을 옮길 생각
만 하지 물을 붓는 상상을 하지 못한다.

마지막으로 점 9개를 이어보자. 사람들은 이 문제를 제시하면 거의 이런 착각에 빠진다.

즉 점 9개를 감싼 사각형 안에 갇히고 마는 것이다. 하지만 이 사각형 틀을 깨야만 문제를 풀 수 있다

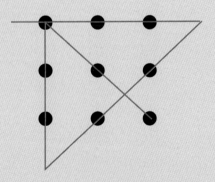

맨 윗줄 3점을 이은 직선을 한 칸 더 오른쪽으로 뻗은 다음에 그어야 직선 4개만으로 점 9개를 모두 이을 수 있는 것이다.

우리는 어떤 난관에서도 답이 있다는 걸 잊지 말아야 한다. 그 답은 두 눈으로는 보이지 않을 수 있다. 하지만 제3의 눈은 반드시 본다. 그러니 브레인워킹으로 제3의 눈을 떠야만 한다.

이 말을 가슴에 새기자.

"구하라, 그러면 너희에게 주실 것이요. 찾으라, 그러면 찾아낼 것이요. 문을 두드리라, 그러면 너희에게 열릴 것이니 구하는 이마다 받을 것이요, 찾는 이는 찾아낼 것이요, 두드리는 이에게는 열릴 것이니라."(누가복음 11장 9, 10절)

생각하는 대로 이루어진다

우리 스스로 다람쥐라고 생각해보자. 다른 나무에 매달려 있는 도토리가 더 맛있어 보인다면 나무 밑으로 기어가 다시 그 나무로 올라가야 한다. 이 다람쥐는 아마도 날개가 있었으면 하고 생각했을 것이다. 그러면 힘들여 기어 다니지 않아도 포르르 날아 옆 나무의 맛있는 도토리를 먹을 수 있을 테니까.

어떻게 됐을까? 날고 싶다고 오래도록 바라고 바라던 어느 날, 마침내 익막翼膜이라는 날개가 생겼다. 바로 날다람쥐다.

이번에는 지평선이 넓은 몽골 초원의 유목민이 돼보자. 지평선 근처에서 한 떼의 마적이 나타나더니 순식간에 쳐들어와 일가족을 다 죽여 버렸다. 우리 한국인 중 최고 좋은 시력이라고 해도 2.0인데, 이 시력으로는 4.5킬로미터 밖 지평선에 나타난 적을 구분하기 어렵다. 보이더라도 희미한 먼지 같다.

적에게 가족을 잃은 유목민들은 무슨 생각을 했을까? 당연히 지평선에 나타난 게 누군지 빨리 알고 싶었을 것이다. 그러자면 눈이 더 좋아야 한다. 그래서 유목민들은 눈이 더 좋아졌으면 하고 꿈꾸었다. 어떻게 됐을까?

놀라지 말자. 유목민들의 시력은 5.0까지 올라갔다. 우리 눈으로는 아무것도 보이지 않을 때 유목민들은 "저기, 우리 아들이 흰 말을 타고 오는군." 하고 말한다. 그들이 원하던 대로 지평선까지 훤히 보이는 것이다.

그러니 꿈꾸자. 얼마나 간절하냐에 따라 시간이 더 걸리기도 하고, 빨리 이루어지기도 하겠지만, 마음이 있으면 반드시 이루어진다. 생각하는 대로 진짜 이루어진다.

공부를 잘하자면 먼저 관찰하는 능력을 길러야 한다. 《금강경》에 "무릇 모든 사물과 현상에는 겉으로 드러나는 형상이 있는데, 그것을 보고 듣고 만지는 것만으로는 실체를 알 수 없다. 형상이 곧 실체가 아니라 극히 일부이고, 실체는 그 너머에 있다는 걸 안다면 그때 비로소 진리를 보리라."라는 말이 있다.

그렇다. 보고 또 보면 전에 보지 못했던 새로운 것이 드러난다.

청각장애자의 경우 12세가 넘으면 인공 달팽이관이라는 청각 보조 장치를 시술해도 소용없다. 12년 동안 뇌에 들어온 청각 정보가 전혀 없었기 때문에 청각 보조 장치를 통해 들어온 정보가 무슨 뜻인지 이해를 못 하기 때문이다. 들린다고 해서 뇌가 바로 읽지 못한다는 것이다.

그래서 인공 달팽이관을 설치하려면 7세 이전에 하는 게 좋다. 이때가 언어 기능이 발달할 시기다. 그러므로 인간은 자신이 아는 것만 보게 되고, 아는 것만 듣게 된다.

그러니 마음의 눈을 뜨지 않으면 봐도 보이지 않는다. 마음의 귀가 열리지 않아도 역시 들리지 않는다. 아는 만큼, 혹은 원하는 만큼 보이고, 들리는 것이다

공부의 기적은 이렇게 일어난다

　기적의 첫째 조건은 어렸을 때부터 두뇌 영양소를 충분히 공급하여 두뇌 신경세포를 건강하게 만드는 것이다.

　기적의 두 번째 조건은 번뇌와 망상 즉 잡념을 제거하여 1,000억 개의 뇌세포가 일사분란하게 과제를 수행할 수 있도록 만드는 것이다.

　기적의 셋째 조건은 꿈을 꾸고 열정으로 불태워야 한다. 아무리 머리가 좋아도 즉 하드웨어가 갖춰졌어도 꿈과 열정이 없으면 아무 일이 일어나지 않는다.

　미국 하버드대 하워드 가드너Howard Gardner 교수는 밝혔다. "인간의 지능은 하나만 있는 것이 아니고 8개 이상 다중지능 즉 음악적 지능, 신체운동학적 지능, 논리수학적 지능, 언어적 지능, 공간적 지능, 대인관계 지능, 자기이해 지능 및 자연탐구 지능 등이다. 그런데 꿈이 있고, 이를 이루기 위한 열정이 불붙게 되면 학습능력이 향상된다.”

이 말은 “두뇌란 태어날 때부터 고정되어 있는 것이 아니라 꿈, 목표가 있고 이를 이루기 위한 열정이 불타오를 때 두뇌가 좋아진 다는 것”이다.

토머스 에디슨Thomas Alva Edison은 세계적인 발명가지만 전화기 는 발명하지 않았다. 왜냐하면, 전화기는 그의 꿈이 아니고, 따라 서 열정이 없었다. 하지만 에디슨과 동갑내기요, 태어난 달까지 같은 알렉산더 그레이엄 벨Alexander Graham Bell은 당시 전신기를 보고 전화기를 꿈꾸었다. 청각 장애인 학교를 운영하면서 목소리 를 주고받는 전화기를 만들어야 한다는 꿈과 열정이 있었다. 이 꿈과 열정은 장인으로부터 150만 달러의 연구자금을 불러들이고, 하버드대 교수와 왓슨이란 조수의 도움을 받아 일을 성사시켰다.

이처럼 사물 그 자체는 어디까지나 사물일 뿐이다. 우리가 말을 걸지 않으면 사물은 말하지 않는다. 우리가 바라보지 않으면 사물 은 그 사물이 가지고 있는 비밀을 결코 누설하지 않는다. 간절한 열망으로 바라볼 때 거기서 한 겹씩 껍질이 벗겨지고 거기서 마침 내 우주가 숨긴 비밀을 온전히 보여주는 것이다.

사과, 알테어 계산기, 북군 기병대, 와플, 생쥐를 예로 들어보자. 꿈과 열정이 없다면 이 그림들은 단순한 사실에 불과할지 모른 다. 하지만 간절하고 강렬한 꿈과 열정을 가지면 저절로 제3의 눈이 떠지고, 그 눈에는 이 사물들이 다른 것으로 보인다. 사과에서는 만유인력 법칙이 보이고, 알테어 계산기에서는 인류 최초의 개인용 컴퓨터 애플이, 북군 기병대의 파란색 바지에서는 청바지가, 와플에서는 스포츠화 나이키가, 생쥐에서는 미키마우스가 보이는 것이다.

두뇌 영양을 충분히 섭취해서 신경세포를 튼튼히 하여 신경세포 1,000억 개가 흩어지지 않고 집중할 수 있도록 하는 것이다. 여기에다 바로 가슴에 불을 지르는 것, 즉 꿈과 열정이 더해져야 한다. 돈오頓悟다. 이 경우에는 꿈만 가져서도 안 되고, 이 꿈을 실현시켜야겠다는 불타는 열정까지 가져야 한다.

그렇지 않다면, 두뇌가 아무리 좋아도 열정적인 꿈이 없다면 사과는 사과일 뿐 더 이상 아무것도 아닐 수가 있다. 뉴턴Newton이 사과가 떨어지는 걸 보고 만유인력을 발견했다고 하지만 뉴튼은 그 이전에도 사과를 보았다. 뉴튼은 어린 시절에 농장에서 일했다. 하지만 그때는 사과가 아무리 떨어져도 그 사과에서 만유인력을 보지 못했다. 그의 가슴에 태양계의 별들이, 우주의 별들이 질서정연하게 운행하는 이유가 궁금해 미칠 것만 같아지자 비로소 사과에서 만유인력을 본 것이다.

마찬가지로 월트 디즈니Walt Disney도 미키마우스를 만들기 훨씬 이전부터 생쥐를 보았다. 그때의 생쥐는 더럽고 지저분한 동물일 뿐이었다. 하지만 토끼 캐릭터 오스왈드를 빼앗기고 난 뒤에 분노와 실망과 회한이 사무치던 순간 거기서 그는 미키마우스를 본 것이다. 빌 바우어먼Bill Bowerman도 나이키를 보기 이전 수십 년간 와플 굽는 것을 보고, 무수히 사 먹었을 것이다. 그가 와플에서 나이키를 본 것은, 운동화만 잘 만들면 누구나 다 육상선수가 될 수 있지 않을까 하는 커다란 확신이 있었고, 그러기 위해 반발력 좋은 운동화 굽을 만들면 되지 않을까 하는 의지가 있기 때문이었다.

그러니 의미 없이, 생각 없이 사물을 바라보지 말고, 꿈과 열정을 갖고 보자. 그러면 안 보이던 게 보인다. 인류는 그렇게 발전해 왔고, 우리 세계 역시 그렇게 발전해 나갈 것이다.

가슴에 불을 지르는 일은 다른 사람이 해줄 수도 있지만 대개 자신의 노력만으로 해내야 한다. 그러기 위해 색다른 경험을 하고, 도전하고, 의심하고, 자기 자신의 의자를 걷어차야 한다.

지금까지 기적의 세 가지 조건 '두뇌 영양소 공급', '번뇌와 망상 잡념 제거', '꿈과 열정'을 말했다. 이것만으로 기적이 일어날까? 아니다.

기적의 마지막 조건은 하나님神과 소통하는 것이다. 이것을 기도라고도 하고 명상이라고도 한다. 이 책에서는 '제3의 눈'이라고 이름한다.

제3의 눈이란 미래를 보는 지혜, 통찰력 그리고 창의적 사고와 이를 토대로 하여 기적이 일어나게 하는 것이다.

두뇌화

기적의 송가네 공부법

글을 읽을 때는 심지를 집중해 입으로 외우고 마음으로 생각하면서 자자 구구를 반복 연구하며 음절을 억양을 가지고 내고 심지를 너그럽고 겸허하게 갖기를 힘쓰도록 해야 한다. 이 같은 방법으로 오래 계속하면 이해의 깊이가 흡족하고 총명이 날로 열릴 것이다.

-이덕무(실학자, 1741~1793)

공부를 잘하려면 머리가 좋아야 한다. 거꾸로 말하면 머리가 좋아야 공부를 잘한다. 맞는 말인가? 정확하게 말하면 부분적으로만 맞을 뿐 틀린 이야기이다. 우리나라 지능지수 평균은 106으로 세계 1~2위이다. 그러나 이스라엘 지능지수는 평균 94로 세계 26~45위에 머문다.

그런데 우리나라는 노벨상이 1개인데 유대인들은 근 200개나된다. 우리나라 학생들은 하버드 대학 입학이 전체 입학생의 1%미만인데 유대인은 30%나 된다. 다른 미국 유명대학 유대인 비율도 예일대 28%, 보스턴대 24% 등이다. 세계적인 언론인 LA타임스, 워싱턴포스트, 뉴욕타임스, 뉴스위크, 더 월스트리트저널, 그리고 세계적인 통신사인 UPI, AP, AFP, 미국 3대 TV인 NBC, ABC, CBS는 유대인 소유거나 관리하에 있다. 영화사 워너브러더스, 메트로골드윈메이어, 파라마운트 픽처스, 20세기 폭스, 유니버설스튜디오, 콜롬비아픽처스가 유대인이 창업한 회사다. 미국 100대 기업 중 40%가 유대인 소유다. 세계 5대 메이저 식량 회사 중 3개, 세계 7대 석유 회사 중 6개가 유대인 소유다.

왜 그럴까? 공부 방법이 다르기 때문이다. 결국, 머리는 미국 하버드대 하워드 가드너Howard Gardner 교수가 말한 대로 꿈이 있고, 열정이 있으면 머리는 갈수록 좋아지는 것이다. 연세대학교 김주환 교수의 연구에 따르면, 노벨상 수상자의 평균 아이큐가 120 남짓한 정도이다. 평균이기 때문에 102짜리도 있고, 104짜리도 있을 것이다. 그런데 이들은 이 머리로 노벨상을 받았지 않는가, 이렇게 우수한 업적을 나타내지 않았는가.

어떻게 하자는 것인가. 당초 최우수 머리가 아니었는데도 최우수 민족이 된 유대인을 또 살펴보자.

최고의 두뇌 활동 요소는 아침밥

미국 영양사협회 도리스 델리언 박사는 아침 식사가 학습 능률을 높이는 것은 식사를 통해 공급된 포도당을 두뇌가 이용하기 때문이며, 밥이나 빵 등 곡류에 풍부하게 든 탄수화물이 포도당의 모체라고 주장한다.

대한영양사회가 몇 년 전 전국의 초·중·고생 7,698명을 대상으로 실시한 연구에 따르면 아침밥을 먹는 학생의 학업 성취도가 안 먹는 학생에 비해 100점 만점에 4점이나 높게 나왔다. 미국 영양학회에서 나온 연구 결과도 아침밥을 먹는 어린이가 수학 성적 향상이 두드러지고, 학교 출석률이 높으며, 지각 횟수나 양호실 방문 횟수도 낮은 것으로 조사되었다.

아침 식사와 평균 수명과의 관계를 조사한 연구 결과에 따르면, 아침 식사를 하지 않는 사람들은 아침 식사를 하는 사람들보다 남자는 40%, 여자는 28% 사망률이 더 높은 것으로 나왔다. 또한, 아침 식사를 거르게 되면 집중력이 떨어지고 신경질적이 되며 문제 해결 능력이 감소한다고 한다. 음식을 씹을 때 얼굴 근육이 자극을 받아 뇌의 활동을 활발하게 해 주기 때문에 한창 공부하는 학생들에게 아침밥은 필수라고 할 수 있다. 또한, 잠자면서도 에너지가 소비되는데 아침 식사를 거르게 되면 무기력해지고 의욕이 떨어져 작업 능률을 떨어뜨린다.

미국의 경우 소아 청소년에서 아침 식습관은 영양 상태, 체중, 학습 능력과 관련이 있다고 보고되고 있다. 또한, 최근 연구에 따르면 아침 식사를 규칙적으로 하는 사람들의 경우 긍정적인 태도와 몸매 유지, 집중력 등에서 더 좋은 결과를 보였다.

섬유질이 풍부한 아침 식사를 하는 경우에 배고픔을 덜 느끼면서 부족하기 쉬운 필수영양소를 충족할 수 있는 현명한 선택이며, 웰빙을 추구하는 시대에 적절한 대안 중의 하나일 수 있다. 아침 식사를 규칙적으로 하는 아이의 경우 비타민 및 미네랄 섭취율이 높았다. 아침 식사를 거르면 영양 불균형을 초래한다. 아침 식사를 하는 경우에 영양 상태가 좋아져 결국에는 주의력, 집중력이 향상되어 공부에 집중할 수 있다. 미국의 한 연구에서는 아침 식사를 하는 경우, 그렇지 않은 사람들에 비해서 질병에 걸릴 위험도 낮은 것으로 보고하였다.

아침 식사는 어떻게 하는 것이 가장 좋은가?

아침을 거르는 가장 큰 이유는 시간이 부족하기 때문이라고 한다. 직장이나 학교에 늦지 않기 위해 일찍 나서려면 아침 식사를 포기하게 된다. 또한, 아침 식욕이 없는 경우가 또 다른 이유가 될 수 있다. 시간 부족 및 식욕이 없는 경우의 문제를 한 번에 해결할 수 있는 방법은, 30분 일찍 일어나면 아침 식사를 준비할 시간도 충분하며 먹을 마음의 준비나 식사 시간도 충분하다. 번거롭게 해야 하는 요리 대신에 저지방 고섬유질 위주로 시리얼, 곡물, 잡곡빵, 고칼슘 음식, 과일, 채소, 유제품 등을 선택하는 것이 좋다. 물론 단백질을 보충하기 위해 달걀이나 생선 등의 음식을 첨가해서 먹는 경우도 괜찮다.

뇌에는 신경세포와 신경섬유를 합쳐 뉴런*이라고 부르는 부분이 있고, 두 개의 뉴런이 접합하고 있는 부위를 시냅스* 라고 하는데, 시냅스와 신경전달물질인 세로토닌*이 강화되면 기억력이 더

★ 뉴런(Neuron) : nerve cell이라고도 함. 자포동물(刺胞動物)보다 고등한 대부분의 무척추동물과 척추동물에서 신경계를 이루는 기본 세포. 신경계의 구조 · 기능적 단위. 신경세포와 거기서 나오는 돌기를 합친 것으로 자극을 수용하고 전달하는 기능이 있다.

★★ 시냅스(synapse) : 신경접합부(neuronal junction)라고도 함. 두 신경세포(뉴런) 사이나 뉴런과 분비세포 또는 근육세포 사이에서 전기적 신경 충격을 전달하는 부위. 신경세포의 신경돌기 말단이 다른 신경 세포에 접합하는 부위. 이곳에서 한 신경세포에 있는 충격이 다음 신경세포에 전달된다.

★★★ 세로토닌(serotonin) : 두뇌 화학물질 중 하나이다. 혈액이 응고할 때에 혈관 수축작용을 하는 아민류의 물질. 포유류의 혈소판, 혈청, 위점막 및 두족류의 침샘에 함유되어 있고 뇌 조직에서도 생성되는데, 지나치게 많으면 뇌 기능을 자극하고 부족하면 침정(沈靜)작용을 일으킨다. 최근 우울증, 또는 공황장애나 섭식장애 등을 겪고 있는 사람들이 많아지고 있으 며, 더 나아가 문제 행동을 보이는 학생들, 폭행, 살인과 자살 소식들이 하루가 멀다 하고 들려오고 있다. 서로 간의 구체적인 연관 관계를 딱 집어 말하기 힘들어 보이지만, 이러한 현상들은 모두 세로토닌 신경과 깊은 관련이 있다.

좋아지고 이해도가 빨라진다. 아침 식사로 먹는 탄수화물과 단백질은 시냅스와 세로토닌을 강화시킨다.

자녀들의 아침 식사는 학교에서 집중력과 학습 능력, 문제 해결 능력을 향상시키며 영양의 균형을 맞춰주어 비만의 예방, 생활습관병의 예방에도 도움이 된다.

아침을 거르는 아이들을 위해 학교에서 가벼운 아침 식사를 제공하는 시대가 온다면 아이들 건강에 관심을 기울이는 선진 복지국가가 될 수 있지 않을까도 기대해 본다.

잘 먹이자

　나라 없이 유럽 각국을 떠돌던 유대인들은 이민족이라는 약점 때문에 토지나 주택을 사는 대신 돈이 생기면 우선 잘 먹었다. 먹은 건 빼앗기지 않기 때문이다.

　또한, 항구도시에서 주로 살았기 때문에 해산물을 많이 먹었다.

　국비 유학생으로 미국에 다녀온 분이 이런 증언을 했다. 그야말로 잠 줄이고 책마다 밑줄 치면서 열심히 공부를 했다. 서울대 학생 중에서도 가려 뽑아 선발된 그이기 때문에 당연히 성적이 좋으리라고 기대했다. 그런데 막상 시험을 치르니 늘 연애하고, 놀고, 파티를 여는 미국 아이들에게 뒤졌다는 것이다. 그는 끝내 놀며 공부하는 미국 학생들을 이기지 못했다고 말했다. 그에게 무엇을 먹었느냐고 물으니, 정부에서 주는 자금을 쪼개 어머니 용돈도 보내드리고, 누이동생 선물도 사서 보내다 보니 먹을거리를 줄였다는 것이다. 바로 그 때문이었다. 식사를 소홀히 하다 보니 두뇌영

양이 부족해져 공부를 못한 것이다.

서울대 법대에 수석 입학하고 사법시험에 차석으로 합격하여 고위 검사를 지내다 국회의원 3선을 하고 있는 분에게 어려서 무엇을 먹었느냐고 물은 적이 있다. 그는 "먹을 게 너무 없어 어머니가 바닷가에 양동이를 들고 나가 해산물을 건져오셨다. 그걸 씻어 가마솥에 넣고 된장을 풀어 삶아 먹었다. 생각만 해도 지겹다."라고 말했다.

과외는커녕 입학금도 없어 어머니가 피를 뽑아 판 돈으로 학교를 다닌 그가 서울대 법대 수석을 하고 사법고시 차석을 한 이유는 바로 가마솥에 삶아 먹은 그 해산물 덕분이 아닐까?

해산물 얼마나 섭취해야 하나

미국 소아과학회AAP, 질병통제예방센터CDCP 등 학술, 사회 전문가 집단 150여 개로 구성된 '미국의 건강한 엄마와 아이들 연합 NHMHBC'이 2007년 10월 3일 기자회견을 통해 임산부와 아이들은 더 많은 해산물을 섭취해야 한다고 권고했다.

이들은 참치나 연어 등에 어린이의 두뇌 발달에 좋은 오메가3 지방산 등이 풍부한데 "미국 여성의 90%는 권장량 이하의 생선을 먹는다."라며 임산부태아에 영향나 산모모유 수유에 영향는 주당 340그램 이상의 해산물을 섭취해야 한다고 권고했다.

영국, 호주, 벨기에, 네덜란드 정부 등은 적어도 1주일에 두 끼는 해산물을 섭취하라고 임산부에게 권고하고 있다.

또한, 양극 성장애 환자 발생은 해산물 섭취량과 관련 있다는 연구 결과도 있다. 2003년에 발간된 의학잡지《American Journal of Psychiatry2003 ; 160 : 2222-2227》에 실린 보고서에 따르면 해산물의 섭취량이 많아지는 것과 양극성 질환의 발생률이 감소하는 것 사이에 뚜렷한 관련성이 있다고 한다.

미국 매릴랜드 주 록빅에 있는 국립 건강협회의 히벨른Joseph R. Hibbeln 박사와 뉴욕 시 콜롬비아 대학의 노아길Simona Noaghiul 박사는 미국의 여러 주에서 양극성 장애와 정신분열증의 평생 유병률을 확인하기 위해 인구집단 기반의 역학 연구들을 평가하였다.

연구자들은 "해산물 소비를 기술한 자료는 국립해양어업서비스와 국제보건기구의 농업기구에 의해 수집된 단일 자원으로부터 얻었다."라고 설명했다. 이들은 "유병률 자료는 단일 선형 및 비선형 회귀분석을 사용하여 해산물 섭취의 차이를 비교하였다."라고 하였다. 단일 지수적 감소 회귀분석에서는 해산물 섭취의 증가는 양극성 장애의 일생의 유병률 감소를 예보하는 것으로 나왔다.

히벨른 박사와 노아길 박사는 "일반적으로 가장 급격한 양극성 장애의 유병률 증가는 해산물 섭취가 1년에 한 사람당 22킬로그램 미만인 주들에서 발생하였다."라고 보고했다.

한편, 정신분열증의 평생 유병률은 해산물 섭취와 관련이 없었다. 연구자들의 주장에 따르면 해산물 섭취 결과는 양극성 장애와 같은 정동장애에 대한 특이성만을 제시하고 있다고 한다.

하지만 FDA와 연방환경청EPA은 임산부나 산모는 수은 중독을 피하기 위해 주당 340그램 이하의 해산물을 섭취해야 한다며 전혀 다른 권고를 하고 있다. 최근 해산물의 오염이 증가하면서 이 점을 경고한 것이다. 따라서 반드시 청정 해산물을 골라서 섭취해야만 한다.

따라서 매주 340그램, 연간 22킬로그램 이상의 해산물을 섭취하되 수은 등 중금속에 오염된 식품은 섭취하지 않도록 주의해야 한다.

이처럼 잘 먹이고, 잘 가르치면 수재가 될 수 있다. 여기에 꿈과 열정을 불어넣어 주면, 이 꿈과 열정으로 자녀의 가슴에 불을 지르면 수재가 되는 것이다.

따라서 두뇌의 기초는 여기에서 출발한다.

자녀의 두뇌를 발달시켜라

두뇌 교육은 빠르면 빠를수록 좋다

조기교육은 마음뿐 아니라 머리에도 영향을 끼친다. 흔히 머리를 지능이라고 말한다. 자녀의 지능계발은 지능이 형성되는 순간부터 교육하는 것이 좋다. 지능교육은 빠르면 빠를수록 좋다. 마음과 마찬가지로 지능교육도 이미 형성되고 나면 그 다음은 몇 배가 힘들다. 생각하는 능력은 어릴 때 가장 많이 발달한다. 지능은 두뇌와 관계가 있다. 이때 얼마나 두뇌를 자극하고 발달시키느냐가 관건이다. 어릴 때 뇌를 자극해 주고 적극적으로 발달시키면 지능계발에 큰 효과를 볼 수 있다. 4세 이전에는 주로 감성적인 두뇌교육이 필요하다. 그리고 4세 이후는 인지적 능력이 생기는 시기이므로 지식적인 두뇌교육이 효과적이다.

즐겁게 공부하는 방법을 터득하라

　유대인들에게 배움이란 지겨운 일이 아니라 꿀처럼 달콤하고 재미있는 일이다. 이것을 가르치기 위해 첫 입학식부터 꿀을 먹이고 새해 첫날에도 꿀처럼 달콤한 해를 보내라고 사과를 꿀에 찍어서 먹인다. 또 유대인 어린이는 철이 들 무렵이 되면 토라의 책장을 펴고 그 위에 꿀 한 방울을 떨어뜨려 어린이에게 입을 맞추게 한다. 이것은 공부가 얼마나 즐거운 것인가를 첫 시간부터 보여주기 위한 것이다.

　그래서 유대인들은 어른이 된 이후에도 공부하는 것을 지겹게 생각하지 않는다. 우리에게는 공부는 지겹다는 생각이 잠재적으로 남아 있다. 그것은 어릴 때부터 공부를 통해 즐거움을 느끼지 못했기 때문이다. 우리는 공부를 어릴 때부터 지겹게 느끼도록 만든다. 나중에는 공부에 지친다.

　지금이라도 아이들에게 공부를 즐겁게 여길 수 있는 방법을 찾아 가르친다면 그것이 가장 좋은 교육법이다. 어릴 때는 많은 것을 공부시키는 것보다 적게 공부해도 일단 공부가 즐겁다는 체험을 하는 것이 중요하다. 어차피 평생 공부를 한다고 생각하면 처음에 많은 것을 배우게 하기보다는 공부가 즐겁다는 것을 먼저 경험하게 하는 것이 더 지혜로운 방법이다.

머리를 훈련하여 생각하는 능력을 키워라

유대인들은 매일 머리를 훈련한다. 이것을 통해 생각하는 능력을 키운다. 유대인은 사고를 키우기 위해 대상에 대해 의문을 가지고 질문하는 방법을 사용한다. 유대인 어린이들을 어릴 때부터 질문하는 습관이 몸에 배었다. 질문을 하기 위해서는 먼저 생각을 하지 않으면 안 된다.

유대인 천재 과학자로 유명한 아인슈타인은 《만년에 생각하다》라는 책에서 "교육이란 타인으로부터 독립하여 생각할 수 있는 인간을 만들기 위한 훈련이다. 그리고 그 힘을 사회가 직면한 문제 해결에 요긴하게 활용해야 한다."라고 말했다. 생각의 힘이 얼마나 중요한지 보여주는 대목이다.

사람의 생각을 관장하는 몸의 기관은 뇌다. 지금까지 밝혀진 뇌의 구조를 살펴보면 이해가 쉽다. 뇌의 구조는 생각보다 아주 복잡하다. 뇌의 신비는 과학자들에 의해 계속 밝혀지고 있다. 인간의 뇌는 세상에서 가장 뛰어난 학습 능력과 창조적인 문제 해결 능력을 지닌 최고의 시스템이다. 신경생리학자인 찰스 셰링턴은 뇌에 대해서 이렇게 말했다.

"인간의 뇌에 1,000억 개의 뉴런Neuron이 존재한다는 것은 단순한 생리학적 사실에 불과하지만 그들이 지닌 힘은 경이로울 뿐만 아니라 신비롭기까지 하다. 하지만 뉴런이 제대로 힘을 발휘하기 위해서는 그것이 갖고 있는 잠재력을 효과적으로 계발할 방법을 찾아내야 한다. 우리 뇌 속에서 뉴런은 끊임없이 정보를 받아들이고 지속적으로 세포 간 결합을 시도하는 가운데 제 능력을 찾아간다. 그리고 뉴런이 가장 효과적이고 창의적으로 제 기능을 수행하기 위해서는 적절한 환경이 조성되어야 한다. 우리가 지금까지 사용한 능력은 실제 갖고 있는 능력의 일부에 지나지 않는다는 놀라운 사실을 먼저 받아들여야 한다."

인간은 뇌가 보유하고 있는 능력의 불과 5~7%밖에 사용하지 못하고 죽는다는 주장도 있다. 뇌는 호기심을 갖고 새로운 자극을 찾으면 예민해진다. 정보를 받아들이는 것만으로는 뇌를 활성화할 수 없다. 호기심이 있으면 적극적으로 정보를 발신하면서 활성을 유지할 수 있다. 90세가 되어서도 뇌를 사용하고 있는 사람은 신경세포 시냅스가 계속 성장한다. 뇌를 사용하는 한 신경세포는 새로운 네트워크를 지속적으로 만들어 낸다. 반대로 자극이 없으면 뇌는 의욕이 없어지고 점점 퇴화한다.

과거에는 뇌를 단순히 사고하는 기관으로 생각했지만 점차 뇌는 다양한 기능을 가지고 있음이 밝혀지고 있다. 1861년 브로카Broca는 말을 못하는 뇌졸중 환자를 치료하면서 이들에게 다른 뇌졸중 환자와 다른 기능이 있음을 발견하고 그 부위를 '브로카 영역'이라 명했다. 즉 뇌 중에 언어 영역을 담당하는 부위다.

뇌는 크게 두 부위로 나누어 설명한다. 좌뇌와 우뇌다. 1960년대에 로저 스페리Roger Solcott Sperry는 뇌의 좌·우반구는 서로 다른 정보처리 체계를 갖는다고 주장하여 1981년 노벨의학상을 받았다.
사고력의 발달은 두 개의 뇌를 균형 있게 훈련하는 것에 의해 좌우
된다.

좌뇌와 우뇌의 역할

좌 뇌	우 뇌
언어학적 사고	시각적 이미지 사고
많은 정보에서 체계적 추리	하나의 정보에서 전체를 파악
이성, 지성	감성
논리적	직관, 감각적
분석적	공간적, 도형
합리성	비합리성, 신비성
규범성, 억압	무규범, 자유
유교	무속
의식	무의식

좌뇌와 우뇌 사고 형태

좌 뇌	우 뇌
의식	무의식
1차 사고/부분적	2차 사고/전체적
현실 원칙	쾌락 원칙
객관적	주관적
이성적	본능적

유대인은 이 두 가지 방법을 적절하게 교육에 적용하고 있다. 이것은 사람의 양 뇌를 모두 발달시키는 효과가 있다. 뇌과학이 발달하기 수천 년 전부터 유대인들은 이미 이 좌뇌와 우뇌를 동시에 자극하며 발달하는 사고법을 전 국민 교육에 적용했다.

좌뇌와 우뇌를 통합하라

　사람이 생각하는 것은 두뇌 훈련을 통해서 이루어진다. 즉 우뇌와 좌뇌를 훈련하는 일이다. 사람은 두 개의 뇌를 가지고 있다. 모든 사람은 태어났을 때는 우뇌 지배적이다. 어릴 때는 우뇌 지배 현상이 강하게 나타나기에 아이들은 어른들과 다르게 패턴을 인식한다. 아이들은 최초의 학습 단계에서 모양과 냄새 그리고 소리 등에 반응한다. 그러다 나이가 들면서 점차 좌뇌 기능으로 옮겨간다.

　우뇌는 직관, 통찰, 은유, 상상 등을 통하여 종합적으로 기억한다. 우뇌는 감각적이고 감정과 관련이 있다. 우뇌는 모든 것을 세부까지 한꺼번에 받아들인다. 시간과 공간의 제약을 받지 않는다. 우뇌는 창조적인 과정과 관계가 있다. 창의력이 높은 사람이 우뇌가 발달한 것은 이런 특징 때문이다. 특히 놀이는 우뇌를 자극하고 새로운 것을 발견하고 이전에 경험하지 못한 것을 찾게 한다. 아이들은 놀이를 통하여 독창적인 사고와 아이디어를 만들고 상상력을 집중적으로 형성한다. 아이들이 놀이를 좋아하는 이유가 여기에 있다. 휴식과 놀이는 우뇌 발달에 아주 좋다. 어릴 때는 우뇌 발달에 집중하며 교육하는 것이 효과적이다.

아인슈타인은 자신의 최고 아이디어가 꿈을 꾸거나 면도를 하는 일상의 여유 속에서 떠올랐다고 말했다. 에디슨은 깊은 몽상 속에서 아이디어를 찾았다. 뉴턴은 어머니의 농장에서 휴식을 취하면서 최고 아이디어의 영감을 받았다. 어릴 때 우뇌를 발달시키는 방법은 놀이와 휴식과 쉼을 일상화하는 일이다.

아이들은 빈둥빈둥 노는 것 같지만 거기서 창의력이 나온다. 어릴 때는 가능한 그런 시간을 즐기도록 해야 하는데 요즈음은 놀이가 사라져 우뇌 발달이 잘 안 된다. 어릴 때 글자를 빨리 읽히는 것은 아이의 발달 특징을 무시하고 너무 빨리 좌뇌 발달로 넘어가게 하는 것으로 바람직하지 않다.

좌뇌는 판단을 만드는 곳이다. 좌뇌는 추상 작업을 하고 사실을 찾아내는 과정과 연관이 깊다. 좌뇌는 패턴을 인식하는 곳이기에 이미 인식하고 있는 패턴을 찾으려는 경향이 강하다. 내가 만약 이미 알고 있는 패턴이 있다면 좌뇌는 새로운 것을 배우는 데는 별로 관심이 없다.

좌뇌는 비판적인 능력을 가지고 있다면 우뇌는 통찰력이 있다. 어릴 때의 좌뇌의 과도한 강조는 육체적, 정신적 피곤함을 가져다

준다. 분석적인 좌뇌는 감각적인 자료나 분석이 불가능한 것은 아예 인식하지 않으려는 경향이 있다. 어릴 때 좌뇌 발달에 치중하면 자기 패턴이 굳어지면서 창의력이 감소되고 생각이 고정화된다.

사람들은 보통 두 개의 뇌 중에 어느 한 부분만 의지하려는 경향이 강하다. 가능한 한 한쪽 뇌만 사용하려는 작용을 멈추고 두 개의 뇌를 조화롭게 사용하는 법을 훈련하면 좋다. 사람에게 두 개의 뇌가 있는 것은 양면을 잘 사용하라는 의미다. 여성은 통합적인 사고에 두뇌를 사용하는 반면에 남자들은 분할을 통한 집중적 두뇌 활동을 보인다. 남자와 여자가 함께 사는 것은 이것을 서로가 보완하기 위한 하나님의 창조 질서라 볼 수 있다.

지금 우리 교육의 구조와 방법은 대부분 우뇌보다는 좌뇌에 집중되어 있다. 어릴 때는 우뇌에 많은 자극을 주어서 우뇌를 발달시키고, 시간이 지나면 점차 좌뇌를 경험하게 하고 나중에는 통합하는 방법이 효과적이다.

그런데 한국인에게는 좌뇌 학습이 더 필요하다

한국인은 우뇌형이어서 왼쪽 눈을 주로 쓴다. 버스를 타도 왼쪽을 선호한다. 한국인의 원초적인 심성은 무속적인데 그것은 우뇌에 관계가 있다. 예를 들면 신명 나게 놀고 춤추며 굿을 하는 오랜

문화적인 습성은 한국인에게 보편적으로 있는 심성이다. 일을 대충하고 어림잡아 감으로 하는 것, 따지기 싫어 그냥 넘어가고, 빠른 눈치와 역동성, 직관을 중시하는 것, 신들린 무당처럼 며칠 동안 밤낮을 춤추고 노래해도 피곤한 줄 모르는 신바람은 한국인들이 가지고 있는 일반적인 특징이다. 이 모든 것은 우뇌의 역할에 속하는 부분이다.

한국인은 태생적으로 우뇌가 발달된 민족이다. 우리가 자주 쓰는 "감이 좋은데…… 아마 이번에 잘될 것 같아. 척 보면 안다. 척 하면 3천 리…… 기분이 찜찜해……." 등은 우뇌형의 특징에서 생긴 독특한 말이다. 서구의 좌뇌형으로 보면 이 말의 의미를 잘 이해 못 한다.

한국인은 겁 없이 도전하는 특징이 있다. 서울올림픽, 고속도로 건설 등은 겁 없이 도전하여 빠른 시간에 이룬 대표적인 예이다. 한국인은 빨리빨리, 대충대충 문화다. 박정희의 경제정책, 정주영의 현대건설 신화나 대우 김우중의 밀어붙이기 도전의식 같은 것이 우뇌형에서 노는 특징들이다.

분명하게 따져 보고 분석한 후에 합리적이면 시행하는 서구와는 다른 특징을 가지고 있다. 그들은 도저히 이해 못 하는 일이다. 그래서 경제 성장을 세계에서 가장 빨리 이룬 나라가 되었는지도 모른다. 반면에 대충대충하다 보니 성수대교, 삼풍백화점 등 부실공사와 문제점이 드러난다. 여기에 우뇌형의 장점과 단점이 함께 들어 있다.

우뇌가 강한 민족은 우리하고 비슷할까?

그렇다. 이탈리아가 그렇고 중국이 그렇다. 몽골도 그렇다. 일어날 때는 벌떼같이, 마른 초원의 불길처럼 무섭게 일어나지만 쓰러질 때는 어이없이 와르르 무너진다. 끓기는 빨리 끓지만 오래가지 못하고 금세 식어버린다. 그러니 선전 선동가가 나서면 그냥다 넘어가 버린다.

지난 1997년의 외환위기 때 우리나라를 비롯한 아시아 각국이큰 고생을 했는데, 일본이나 싱가포르만은 그렇지 않았다. 일본이부자라서가 아니라 대비를 했기 때문이다. 우린 넋 놓고 있으면서 전문가들이 외환위기를 경고해도 괜찮다, 펀더멘탈fundamental이 튼튼하다고 우기고, 대통령은 그저 거드름만 부리다가 크게 당했다. 우리나라처럼 우뇌가 강한 터키, 이집트, 이탈리아, 스페인,중국 등을 보자. 불같이 일어났다가도 갑자기 몰락하는 특징을 갖고 있잖은가.

나라별 두뇌 분포도

- 극우뇌 우세 지역 : 몽골, 만주족, 한국
- 우뇌 우세 지역 : 터키, 이집트, 이탈리아, 스페인, 중국
- 좌뇌 우세 지역 : 인도, 타일랜드, 일본
- 극좌뇌 우세 지역 : 네덜란드, 영국, 독일, 그리스

일본은 좌뇌가 발달하고, 우린 그 반대이다.(일본은 좌우뇌 비율이 7 : 3, 우리는 그 반대인 3 : 7이라고 한다) 그러다 보니 일본인들은 뭐든 준비를, 기초를 튼튼히 한다. 일본인들은 조총을 준비해 침략하는데 우린 나라 지킬 군인도 없어 백성들이 달려가 기왓장을 깨 던지고, 돌을 집어 던진다.

그래도 임진왜란에서 일본이 야욕을 달성하지 못한 것은 군사가 아닌 노비, 백정, 기생까지 들고일어나 온 백성이 다 군사가 되었기 때문이다. 하지만 일본은 군사만 전쟁을 하지 일반 백성들이 전쟁터로 몰려나오는 법이 없다. 전쟁에 진 장수의 부인은 자연스럽게 적장의 소유가 되고 만다. 우리나라 같으면 혀를 깨물든지 남강에 몸을 던지는 데 말이다.

이런 차이가 있다. 일본의 가라오케는 이름도 좌뇌적이다. 가짜 오케스트라, 이 얼마나 재미없는 이름인가. 그걸 우리는 노래방이라고 바꿔 부르고, 이 노래방은 정작 우리나라에서 불같이 일어난다. 음주 가무가 바로 고대국가 부여, 옥저, 동예로부터 면면히 이

어져 온 우리 민족의 특징 아닌가. 그래서 우린 흥이 많고 정이 많고 매사 감정적이다.

반면 일본은 기초 과학에서 벌써 노벨상 수상자가 19명이나 나왔다. 그러나 우리 한국은 기초 과학하고는 거리가 멀고, 노벨평화상 수상자만 한 명 있다. IT 기술이 세계 최고라고 말하지만, 실상 기초 기술은 일본이나 미국, 독일 같은 데서 수입해 오는 것이고, 마지막 응용 기술이 약간 있는 데다 국민이 휴대전화이고 컴퓨터고 성질이 급해 수시로 바꾸기 때문에 가능한 것일 뿐이다. 그러니까 포장하고 디자인하는 능력이 좀 있는 것이다.

그럼 어떻게 해야 할까? 모두 좌뇌 편향으로 바뀌어야 할까? 아니다. 너무 좌뇌 편향적이면 일본, 독일처럼 일사불란한 전체주의 국가가 되기 쉽다. 기초는 튼튼하지만 재미나게 살지 못한다. 인간성이 말살되고 사람 사는 재미가 없어진다.

그래서 우리나라에 기회가 있다. 우뇌가 강한 우리 민족이 좌뇌를 조금만 더 개발 하면 세계 최고의 국민이 될 수 있다. 우뇌 중심으로 좌뇌를 계발하면 창의력이 매우 뛰어나게 된다. 한국인들 중에서 이따금 세계적인 수준의 인물이 많이 나오는 이유가 바로 여기 있다. 한국인들이 좌뇌 사고법을 조금만 더 익히면 대단한 힘을 뿜어낼 수 있다.

우뇌를 기반으로 한 좌뇌 사고법을 기르는 가장 좋은 방법은 독서다. 독서가 가장 큰 효과를 낸다.

무슨 책을 읽든 일단 좌뇌와 우뇌가 고루 계발된다. 그런 중에도 좀 더 논리적이고 과학적인 책을 조금 더 읽어야 한다.

　물론 어떤 책을 읽든 우뇌와 좌뇌는 동시에 자극이 된다. 텔레비전 같은 경우 거의 우뇌만 자극이 되는데 반해, 독서는 좌우뇌를 동시에 자극하는 효과가 있다.

　왜냐하면, "콩쥐는 밑바닥이 없는 독에 온종일 물을 길어 날랐지만 물이 차지 않았다."라는 글을 읽으면 우뇌는 콩쥐가 얼마나 힘들까 생각하고, 좌뇌는 깨진 바닥을 막고 나서 물을 길어야지 왜 온종일 밑 빠진 독에 물만 부어댈까에 대해 의심한다. 그러니까 우뇌로는 그림을 그리고, 좌뇌로는 해석을 하는 것이다.

　이 경우 우뇌가 지나치게 발달한 사람은 슬픔만 느낄 뿐 콩쥐가 무모한 짓을 한다는 상상은 하지 못하고, 좌뇌가 지나치게 발달한 사람은 콩쥐는 머리가 나쁜 아이라고 극단적으로 생각해 버린다.

　좌뇌와 우뇌가 고루 발달된 사람이라면 이야기의 본질을 알아차리고 그 다음에 어떻게 이야기가 전개될까 궁금해진다.

　따라서 독서를 하면 좌뇌 우뇌가 동시에 자극이 되고, 모든 뇌세포가 활성이 된다. 평소에 쓰지 않던 신경세포 즉 뉴런을 자극하고, 그럴수록 수상돌기인 시냅스가 자꾸 늘어나 머릿속 뇌세포가 촘촘하게 그물망처럼 연결된다.

　이런 두뇌는 무한한 능력을 갖는다. 인간은 좌뇌와 우뇌가 협력하여 눈과 귀와 코와 혀, 피부로 들어온 정보를 정확하게 해석하고, 이 정보들을 조합하거나 비교하여 놀라운 창의력을 발휘한다.

유명한 두뇌생리학자가 천재성에 대해 설명하는 글을 보자. 서번트savant : 두뇌질환을 가진 환자로서 때때로 특정 분야에서 천재성을 보이는 사람와 일반인, 그리고 천재를 구분하는 내용이다.

서번트는 두뇌 능력이 일부에만 집중되어 어느 분야에서는 특출한 능력을 보이는 대신 다른 모든 분야에서 상식 이하의 능력을 갖고 있는 사람들이고, 일반인은 그저 대통령, 국회의원, 웬만한 작가, 그냥 보통 사람들이다.

그런데 천재는 뭘까? 창의성이 있어야 하는데, 창의성이란 무슨 생각을 할 때 동시에 수많은 뉴런의 수많은 시냅스synapse가 동시 작용을 하여 보통 사람들이 생각하지 못하는 부분까지 생각해내는 것을 말한다고 정의한다.

영국인 스티븐 월셔는 37분간 헬기와 고층 빌딩 꼭대기에서 도쿄의 전경을 암기한 뒤 7일 동안 10미터짜리 캔버스에 모든 풍경을 그려냈다. 완성된 그의 그림에서는 빌딩의 배치, 유리창의 수, 달리는 자동차까지 모두 실제 도쿄 풍경과 똑같다고 한다.

서번트는 이런 능력을 갖는다.

- 하늘을 날며 한 번 본 거대한 도쿄의 모습을 자동차 한 대, 창문 한 개까지 그대로 그려내는 능력.
- 10분 만에 서울시 지하철 노선도를 외우고, 1초 만에 2100년 1

월 1일의 요일을 계산해내는 능력.

- 한 번 들은 음악을 똑같이 건반에 옮기고, 협연은 물론 편곡까지 해내는 능력.
- 찰나의 움직임을 포착해 움직이는 동물 근육의 세세한 움직임까지 찰흙에 새기는 능력.
- 주위의 사물과 바람, 햇빛, 향기를 그대로 악보에 옮기는 능력.

천재성에 대한 셰익스피어의 글이다.

> "금에 도금을 하고, 백합에 색칠을 하고,
> 제비꽃에 향수를 뿌리고 , 얼음을 매끄럽게 하고,
> 무지개에 색깔을 하나 더 넣는 것은……
> 낭비이고 어리석은 과도함이다."

천재들의 천재성은 바로 이렇게 등장하는 은유라는 것이다. 셰익스피어가 셰익스피어인 이유가 바로 이거라는 것이다.

라마찬드란Ramachandran이라는 두뇌생리학자의 책에 나오는 예문인데, 일반인들은, 심지어 두뇌생리학자들, 뛰어난 변호사, 교수, 학자들조차 이런 은유를 감히 생각해내지 못한다는 것이다. 창의성이란 바로 누구도 생각하지 못하는 은유, 그러나 일반인이 접했을 때 "아하!" 하는 그런 은유라는 것이다.

슈퍼컴퓨터, 인간

　뉴런은 그 자체가 슈퍼컴퓨터이다. 그런 슈퍼컴퓨터가 인간의 두뇌에는 약 1,000조 개가 들어 있다. 이 슈퍼컴퓨터인 뉴런을 지원해 주는 교세포가 마치 병참기지처럼 존재하는데 무려 9,000조 개나 된다.

　하나의 뉴런에는 수상돌기, 즉 시냅스라는 게 있어서 이를 통해 다른 뉴런과 접속하여 정보를 주거나 받는다. 인터넷과 비슷하다. 이 시냅스는 대략 수천 개 정도 되는데, 집중 훈련을 하면 최대 2만 2,000개까지 늘릴 수 있다. 최근 연구에서는 훨씬 더 많이 늘어날 수 있는 것으로 밝혀지고 있다.

　이렇게 어마어마한 기능을 가진 뉴런의 집합체인 두뇌는 마치 우주와 같아서 어떤 은하계는 언어 기능을 담당하고, 어떤 은하계는 색채를 담당하고, 어떤 은하계는 공간을 담당하고, 이런 식으로 각자 두뇌 부위에 따라 활동한다. 우리 모두 이렇게 어마어마한 우주를 머리에 이고 다니는 셈이다.

이 우주나 다름없는 두뇌를 활용하고 안 하고는 각자의 자유 의지에 달려 있다. 다만 전 세계 슈퍼컴퓨터를 다 합친 것보다 더 뛰어난, 그래서 엄청나게 비싼 컴퓨터를 머리에 달고 다니면서 그 소중함을 모른다면 어리석은 것이다. 이런 두뇌를 가지고 있는 인간이라면 그가 노숙자든, 살인자든, 장애자든 상관없이 모두가 다 대단한 능력을 가지고 있다는 걸 잊어서는 안 된다.

청각, 시각 장애자였을 뿐만 아니라 농아이기도 했던 헬렌 켈러 Helen Keller가 있다. 그대로 두었더라면 얼마 못살고 죽었을 것이다. 그러나 그는 굳센 의지로 말을 배우고, 글도 배웠다. 결국 유명한 사회운동가가 되었다.

루게릭병에 걸린 스티븐 호킹Steve Hawking을 보면 아무것도 못할 것 같지만, 그는 세계적인 천문학자로 활동하지 않는가. 하물며 자식을 무시하고, 남편을 무시하고, 아내를 무시하고, 또 자기 자신을 낮춰보아서는 안 된다. 자기 자신을 존경하고 우러를 수 있어야 한다.

진화론 주창자인 찰스 다윈Charles Darwin은 "살아남는 종은 강하고 힘센 종이 아니라 변화하는 종"이라고 말했다.

알라딘 램프를 문질러라

알라딘의 램프에는 거인 지니가 살고 있다. 거인 지니는 평소에
는 늘 램프 속에 들어가 있다. 램프 속에 갇혀 있을 때 지니는 아
무런 존재가 아니다. 하지만 램프를 문질러 지니가 한번 나오기만
하면 무엇이든 해낼 수 있는 굉장한 존재가 된다.

월트 디즈니사의 애니메이션 알라딘 포스터

우리는 알라딘과 요술 램프 이야기를 들으면서 머나먼 중동의 전설쯤으로 이해한다. 과연 전설에 지나지 않을까? 우리 자녀들을 도와줄 지니는 없을까?

아니다. 있다.

알라딘은 우리 또는 우리 자녀들 자신이고, 램프는 바로 우리 두뇌다. 우리 두뇌 속에는 지니가 살고 있다. 무엇이든 생각하는 대로 이루어주는 지니가 존재한다. 지니는 바로 생체시계SCN ; supra-chiasmatic nucleus다. 이 생체시계가 인간의 두 눈으로는 볼 수 없는 세계를 보게 하는 제3의 눈이다.

이것이 바로 우리 두뇌 속에 숨어 있는 거인 '지니'이자 생체시계가 인식하는 허먼큘러스homunculus다. 이 허먼큘러스는 1952년 와일더 팬필드Wilder Graves Penfield가 1952년에 그린 위의 그림을 토대로 형상화한 것이다. 허먼큘러스란 라틴어로 'little man'이란 뜻이다. 엄지 인간이라고 번역한다.

허먼큘러스를 보면 손이 두뇌에서 차지하는 비중이 얼마나 큰지 확실히 알 수 있다. 인간의 역사는 두 손에서 비롯된 셈이나 다름없다. 인류가 직립하면서 앞발은 마침내 땅을 딛는 역할에서 해방되어 마침내 도구를 쓰는 용도로 변화한다. 여기서부터 인간의 역사가 시작되었고, 두뇌의 진화가 시작된 것이다.

이 엄지 인간 허먼큘러스는 우리 두뇌 속에 숨어 있다. 영영 숨어 있을 수 있지만 누군가 그를 불러내면 그는 세상을 바꾸고 역사를 뒤흔든다. 그러려면 램프를 문질러야 한다.

우라늄 광석이다. 아무것도 하지 않는다면 이 돌은 천 년, 만년, 억년이 가도록 이대로 존재할 것이다. 하지만 여기에 불을 지르면 히로시마와 나가사키 같은 대도시를 순식간에 날려버릴 원자폭탄이 되는 것이다. 우라늄은 300만 배 정도 되는 양의 석탄에서 나오는 것보다 더 큰 에너지를 품고 있다.

흔한 달걀도 온기를 불어넣어야만 부화가 되지 안 그러면 단백질 덩어리에 불과하다.

히로시마에 떨어진 원자폭탄과 나가사키에 떨어진 원자폭탄에 의해 약 20만 명이 사망했으며, 수십만 명이 부상을 입어 평생 고통에 시달렸다. 사람으로 치면, 두뇌 시냅스가 잘 연결되었을 때 $1,000,000,000,000,000^{22000}$이란 에너지와 같은 것이다. 우라늄이 원자탄이 되어 폭발하는 에너지와 사람이 천재가 되어 창의력을 발휘하는 것이 비슷한 것이다.

그러니 자녀뿐만 아니라 자기 자신에게도 불을 질러보자. 인간을 폭발시키는 힘은 꿈과 열정을 갖는 것이다. 꿈을 품고, 이 꿈에 열정을 가하면 마침내 인간도 원자폭탄처럼 폭발할 수 있다.

〈제3장 두뇌화〉는 바이오코드biocode를 창안한 소설가 이재운의 《브레인워킹Brainworking, 바이오코드연구소, 2013》에서 전재하였다. 《송가네 공부법》이 출간된 이후에 바이오코드를 만났는데, 특히 바이오코드의 두뇌 혁신 프로그램인 《브레인워킹》을 이해한 뒤 나는 《송가네 공부법》에 숨어 있는 또 다른 비밀을 알게 되었다. 나 자신이 이 공부의 기적을 일으켰지만, 그 기적의 메커니즘에 대해 추상적으로 이해하고 있던 부분을 《브레인워킹》은 명료하고 세밀하게 드러내 준 것이다. 이로써 나는 《송가네 공부법》이 백만분의 1로 일어나는 아주 드문 기적이 아니라 누구나 가능한 보편적인 공부법이 될 수 있다는 확신을 갖게 되었다.

CHAPTER 4

목표화

기적의 송가네 공부법

3장까지 기적이 일어나는 데 필요한 네 가지 조건을 말했다. 첫째 영양을 잘 공급하고, 둘째 두뇌에 번뇌 망상을 제거해 주며, 셋째 꿈과 목표를 세우고 열정을 불태우며, 넷째 하나님(神)과 소통하는 제3의 눈을 가지라고 제안했다. 4장부터는 이를 세부적으로 또 종합적으로 설명할 것이다.

학부모! 당신을 기소한다

내가 가장 감명 깊게 본 영화는 스티브 맥퀸 주연의 〈빠삐용〉이다.

빠삐용은 프랑스 말로 나비라는 뜻인데, 주인공 앙리 샤리에르 스티브 맥퀸는 자신의 입장에서 볼 때 억울한 죄를 둘러싸고 절해고도에 수감된다. 몇 번 탈출을 시도하고 형벌이 더하여지고 형기가 길어진다. 죽을 고비를 몇 차례 넘겼다. 그러나 굴하지 않고 물에 뜰 것을 만들어 저녁에 그것을 바다에 던지고 뛰어들어가 그것을 타고 해류를 이용하여 죽음의 감옥에서 탈옥한다는 이야기다.

수감 중 어느 날 꿈속에서 스티브 맥퀸이 사막을 걸어 헤매고 있는데 판사들이 일렬로 의자에 앉아 있었다. 이때 스티브 맥퀸은 큰소리로 외친다.

"나는 죄가 없다. I'm innocent!"

이 고함이 공명되어 사막에 흩어졌다. 적막한 침묵이 무겁게 이어졌다. 침묵을 깨뜨리면서 판사가 준엄하게 말한다.

"당신은 시간을 허송한 죄로 기소되었다."

스티브 맥퀸은 침묵에 잠겨 있다가 슬프고 허탈한 표정을 지으며 독백한다.

"그래, 나는 죄인이다. So, I'm guilty!"

무엇이 스티브 맥퀸으로 하여금 시간을 허송하게 하였을까? 곰곰이 생각해 보았다. 꿈 목표가 없었기 때문이 아닐까? 이 영화의 기억은 지금까지 뇌리에서 떠나지 않고 있다.

그렇다. 우리 모두는 어느 면에서 시간을 낭비하는 죄인이라고 할 수 있다. 특히 학부모들은 자녀들에게 기울이는 관심과 배려의 질에서 시간 낭비라는 죄를 저지르기 일쑤이다.

우리 자녀들에게 시간을 쏟고 사랑과 정성을 쏟은 만큼 자녀들은 성장한다. 학원비와 과외비만 주면서 공부만 잘하라고 윽박지르지 않았는지, 자녀와 대화하며 자녀가 공부할 때 옆 책상에 앉아 공부하는 모습으로 다가간 적이 몇 번이나 있었는지 생각해 볼 때이다. 가난해도 어느 방이나 마루 공간에 책상과 공간을 만들어 주고 수시로 들여다보며 사랑을 나타냈는지 돌이켜봐야 한다.

두 번째로, 학부모, 당신에게 물을 수 있는 과오는 자신의 인생에서 주연이 안 되고 조연이나 엑스트라로 머물러 있는 죄이다.

우리 학부모들은 큰 착각 속에 살고 있다.

자녀들에게 보통 이렇게 이야기한다.

"아들아, 딸아, 내가 너희들을 위해 이렇게 열심히 일해 돈을 버는 것은 너희들의 교육비를 아낌없이 지원해 주기 위함이 아니겠니? 너희는 나의 희망이고 꿈이다. 나는 너희들을 위해 백화점 옷 한 번 사본 일이 없고, 맛있는 고급요리를 마음 편히 먹어본 적도 없다. 그러니 공부를 열심히 해야 할 것 아니겠니? 너희들이 잘돼서 꿈을 이루어야 할 것 아니겠느냐?"라고 말이다.

듣기에는 이해가 가는 말이기는 하지만, 이렇게 소원한다고 하여 자녀들이 공부를 열심히 하는가? 꿈을 이루어 주는가?

자녀들이 어떻게 부모의 원대로만 되는가? 그렇지 않는 경우가 더 많다. 그러면 어떻게 해야 할까?

자녀가 꿈을 이루려면 부모가 자신의 꿈을 이루어나가야 한다. 자신의 나이가 많다고 해서 뒷방으로 조연처럼 물러나 앉아서는 안 된다. 죽을 때까지 무엇인가 목표를 세우고 이루어나가야 한다. 그럴 때 자녀들이 그것을 보면서 스스로 자신의 꿈을 이루어나가는 것 아니겠는가.

만일 당신이 자신의 꿈을 이루기 위한 시간과 자녀들이 꿈을 이루도록 배려하는 시간을 제대로 쓰지 못하고 허송세월한 후 조연으로 주저앉아 인생을 끝내려고 한다면 〈빠삐용〉의 스티브 맥퀸처럼 "I'm guilty. 나는 죄인이다."라고 고백할 수밖에 없을 것이다.

부모들의 모든 초점이 자녀에게만 맞추어져 있고, 자녀의 성공을 위해 본인의 행복을 포기한다면 그것이 진정한 행복일까? 아이와는 별개로 부모도 자신만의 비전을 가지고 스스로도 행복해야 한다. 지금 부모가 비전을 가지고 스스로 행복하려는 노력을 해야, 아이가 행복을 느끼고, 행복한 아이가 꿈을 꾸며 성공하게 된다.

"배를 만들게 하고 싶다면 일을 지시하고 일감을 나눠 주지 말고, 넓은 바다에 대한 동경심을 키워 줘라."라는 생텍쥐페리Saint - Eyupery의 말을 생각해 보아야 한다.

노예근성에서 탈출

부시 대통령의 초청을 받아 백악관에 간 일이 기억난다. 2006년 10월 20일쯤이었다. 대학 연구실에 미국 대통령 조지 부시가 당신을 저녁 식사와 파티에 초대한다는 팩스가 와 있었다. 나는 부시 대통령과 전혀 인연이 없다. 나한테 백악관에서 팩스를 보낼리가 없었다. 나는 부시 측근으로 백악관에서 일하는 조지타운 대학 동창 친구가 생각났다. 이어 백악관에 유일한 동양계 대통령자문위원으로 있는 임 박사도 머리에 떠올랐다. 백악관 친구에게 알아보니 로스쿨 동기들이 보낸 팩스였다. 초청하게 된 경위는 이랬다.

미국 공화당에 돈을 많이 기부한 후원 모임인 '이글스'라는 모임이 있는데 2006년 10월 26일이 이 모임의 30번째 생일이라는 것이다. 그래서 50명을 제한 초청하였는데 결원이 생겨 그 빈자리에 나를 끼워주려고 팩스를 보냈다는 것이었다. 사실 부시 대통령과 사진 한 장 찍으려 해도 기부금을 10만 달러에서 30만 달러까지 내야 한다는데 두 번 다시 오기 힘든 기회라는 생각이 들어 수업을 다른 교수에게 부탁하고 부랴부랴 워싱턴 DC로 날아갔다.

워싱턴에 갔더니 이미 백악관에서 리젠시호텔을 지정해 놓고 있었다. 하룻저녁 숙박료가 할인해서 850달러! 너무 방 값이 비싸 잠이 잘 오지 않았다.

조찬, 오찬, 만찬 때 주지사, 장관, 상원의원, 유명 언론인들이 와서 강연하고 질문과 답변을 하고 식사 후에는 같이 사진을 찍는 순서가 반복되었다.

지루한 2, 3일이 지났다. 4일째 되는 날, 가능한 한 턱시도를 입고 오후 4시 30분까지 호텔 입구로 나오라는 쪽지가 각 호텔 방으로 전달되었다. 나는 턱시도가 없어 그냥 넥타이를 매고 서 있었다. 대부분 멋지게 턱시도를 입고 나비넥타이를 매고 있었고, 여성들은 등이 드러나고 어깨가 다 보이는 긴 드레스에 장갑을 끼고 있었다. 버스 두 대가 와 우리 일행을 싣고 백악관으로 향했다. 몇 번에 걸친 보안검사를 하고 안으로 들어갈 수 있었다.

백악관에서 대통령을 만날 때는 보안상 카메라를 가지고 들어가지 못하게 되어 있다. 백악관 전속 사진사가 찍어준 사진만 받는 것이다. 서서 칵테일로 목을 축이고 이야기를 나누고 있는데 대통령이 입장하시니 박수로 맞이하라는 방송이 나왔다. 잔을 내려놓고 모두 손뼉을 쳤다. 그때 대통령 찬가가 연주되었다. 사회자가 시간을 절약하기 위해 우선 대통령과 사진부터 찍자고 말했다. 반가운 소리였다. 미국 대통령과 사진을 찍는 다시없는 기회니까.

백악관에서 찍는 사진이니 나는 어느 정도 폼을 잡고 격조 있게 사진을 찍는 줄 알았다. 그런데 현실은 우스꽝스러웠다. 백악관 한구석에 짙은 색깔의 커튼으로 직사각형의 방 같은 공간을 만들어 놓았다. 그리고 50명이 직사각형 방 커튼 앞에서 줄을 서서 기다리다가 차례가 오면 부시 대통령과 사진을 찍고 뒤로 나가는 식이었다.

내 차례가 되었다. 동창 친구의 도움으로 부시 대통령과 같이 악수하는 사진, 나란히 함께 서 있는 사진, 백악관 자문 위원 임박사와 세 사람이 같이 찍은 사진 등 석 장을 찍었다. 시골 출신인 내가 미국 대통령과 사진을 찍었으니 소기의 목적을 달성했다고 생각했다. 사진을 찍은 후 생일 기념식이 시작되었다. 상원의원이 사회를 보고 무어라 떠들어대는데 모두들 축제 분위기에 걸맞게 손뼉을 많이 쳐댔다. 나도 가만히 있기가 어색해서 손뼉을 쳤다.

부시 대통령 차례가 됐다.

"이글스 모임의 30주년 생일을 진심으로 축하한다."라고 하면서 지금까지 이바지해준 회원에게 감사의 인사를 전했다. 이어서 세계 평화와 테러리즘, 에너지 고갈 문제 등에 대한 미국의 정

조지 부시 대통령과 함께

책을 이야기했다. 이어서 이라크 문제를 언급하면서 이라크 문제와 관련하여 각 나라와 그 나라 대통령에 대해 깊은 감사를 표시했다. 그런데 이라크에 세 번째로 군대를 많이 파병한 우리나라에 대한 언급이 전혀 없었다. 물론 노무현 대통령도 들먹이지 않았다.

노무현 대통령이 마음에 들지 않으면 한국에 감사한다는 말이라도 해야 하는 것 아닌가? 나는 슬슬 화가 나기 시작했다.

게다가 부시 대통령은 똑똑하게 말했다. "나는 고이즈미 총리를 좋아한다. 한반도의 문제도 그와 계속 상의하기를 원한다. I want to discuss the korean peninsula problems with him continuously."

부시의 연설이 끝나고 주위가 어수선해진 가운데 댄스파티에 들어가기 전에 꼭 무슨 할 말이 있는 사람이 있으면 몇 사람만 짧게 연설을 할 수 있도록 해주겠다고 했다. 연설할 사람은 손을 들라고 했다. 분노가 생긴 마음에 나도 모르게 내 손이 올라가 있었다. 이미 수습할 수 없는 상황이었다. 몇 사람이 손을 들었는데 그 사람들을 지명하고, 자리를 메우려고 온 나에게는 발언 기회를 주지 않았다. 그러나 조지타운 대학 동창의 도움으로 마지막 발언의 기회가 주어졌다.

내 앞에 이야기하는 사람들은 그야말로 축하 연설을 했다. 멋진 말, 축하하는 말, 공화당이 잘했다는 말만 나오면 일어나 박수를 보내면서 환호했다.

내 차례가 되었다. 주위는 어수선해서 내 말을 들으려 하는 분위기가 전혀 아니었다. 자리를 뜬 사람도 많았다. 사람 수가 줄고 어수선해지자 이미 파장 분위기가 되어버린 것이다. 정규 멤버도 아닌 동양인이 마이크를 잡은 것부터가 정상이 아닌 것같이 느끼는 것 같았다.

"나는 한국에서 온 경기대학교 교수입니다." 좌중은 '별 볼 일 없는 녀석이 하나 왔구먼' 하는 표정이었다. 나는 이어서 한마디 했다. "조지타운대 로스쿨을 졸업하여 LL.M 학위를 받은 사람입니다."

그러자 좌중은 나를 다시 쳐다 보았다. 나는 말하기 시작했다.

"최근에 종교인들과 같이 평양에 간 일이 있습니다. 나는 북한 사람들은 뿔이 나고 험상궂게 생긴 마귀와 같은 사람들이 아닌가 생각했습니다. 그러나 평양공항에 내려서 보니 우리와 비슷한 사람들이었습니다. 버스에 나누어 타고 평양 시내를 들어가면서 북한 안내원과 같이 한국의 오래된 가요 '두만강'을 불렀습니다. 그리고 안내원 아저씨가 얼마 전 딸을 시집보냈는데 잘살아야 할 텐데 걱정이라고 하면서 눈시울을 붉혔습니다. 노래를 부르면서 '왜 지구라는 행성 가운데 우리 한국만이 분단되어서 살아야 하는가.'라는 생각에 비통했습니다. 북한 사람들을 만나 같은 피, 같은 민족임을 확인할 수 있었기 때문입니다. 그런데 저녁 식사 후 호텔에 들어가 TV를 보게 되었습니다. 화면에서는 예쁜 10대 소녀들이 나와서 노래를 불렀습니다. 노래의 가사를 가만히 들어보니 이런 내용이었습니다. '왜 보름달이 서쪽에 지지 못하고 하늘에 걸려 있는가? 이는 김정일 장군님이 혁명 과업을 수행하시는데 차마 어둡게 할 수 없어서 지지 못하고 있다.' 이렇게 노래를 부르면서 진정으로 울고 있었습니다.

나는 너무 놀랐습니다.

다음 날 평양 시내를 구경하는데 많은 구호가 걸려 있었습니다. '김일성 수령 동지는 영원히 살아계신다.', '위대한 민족지도자 김정일 장군 만세!', '민족의 어머니 김정숙 만세!' 이러한 구호들이었습니다. 그것을 보고 나는 김정일이 하나님을 대신해서 북한 백성들의 머리를 지배하고 있다고 생각했습니다."

앉아서 술을 마시며 서로 감탄하고 있던 참석자들이 조금씩 나에게 관심을 보이기 시작했다. 나는 되물었다.

"당신들 대부분이 크리스천이 아닙니까? 내가 질문 하나 합시다."

분위기가 조용해지고 나에게 관심이 집중되고 있음을 느꼈다. 나는 "성경 출애굽기에 대해 질문이 하나 있습니다."라고 말했다. 행사장 안이 순간 조용해졌다. 나는 물었다.

"모세가 출애굽 하던 때 장정 60만 명 등 총 200만 명의 백성이 쉬고 자고 하면서 가도 두 달 이내에 도착한다는 물리적인 계산이 나옵니다. 그런데 실제 얼마나 걸렸습니까?

더욱 조용해졌다. 나는 큰 소리로 외쳤다.

"1년, 2년도 아니고 40년이나 걸렸습니다. 왜 그랬습니까?

청중은 더욱 조용해졌다.

"노예근성 때문에 그렇습니다. 기독교 하나님은 남이 시키는 일이나 하고 생존만이 목표인 노예 백성의 본질을 보았습니다. 노예가 되어 버린, 꿈도 없고 소망도 없고 비전도 없는 이 노예 백성을 새 하늘과 새 땅에 들여보낼 수가 없었던 것입니다.

뼈, 살, DNA까지 노예가 되어 버린 그래서 노예근성으로 굳어진, 아니 노예 자체가 되어 버린 이 사람들을 사막과 광야에서 늙어 죽게 하고 뱀에 물려 죽게 한 것입니다. 폐기처분 한 것입니다.

그리고 새로운 세대, 그 2세들만 가나안 땅에 들어가게 한 것입니다. 나는 진정 한반도의 통일을 원합니다. 그런데 이미 김정일과 김일성으로 사고가 굳어진 북한 사람들과 당시 이스라엘 사람들이 비슷하지 않습니까? 노예 백성이 아니겠습니까? 이 점에서 우리 대한민국도 힘쓸 테니 미국도 인내심을 가지고 북한 백성들이 노예근성에서 벗어날 수 있도록 도와주어야 한다고 생각합니다."

나의 목소리는 높아져 있었다. 듣는 사람들의 반응은 뜨거웠다. 일어서서 크게 박수를 쳤다. 나는 내가 어떻게 했는지도 모르고 자리로 돌아와 앉았다. 정신이 얼얼했다. 나는 이스라엘이나 우리나 북한이나 모두가 노예근성에 빠진다면 미래가 없다고 생각한다.

노예근성이란 무엇일까. 창의성이 없는 상태이다. 열망하는 목표, 꿈이 없는 것을 말한다. 노예근성의 탈피 없이는 꿈을 꿀 수도, 꿈이 자랄 수도, 꿈이 열매를 맺을 수도 없다.

꿈을 이루려고 하면 먼저 마음속에 늘 달라붙는 노예근성, 즉 운명주의와 패배주의 사탄을 깨부수지 않으면 안 된다고 생각한다.

운명주의란 무엇인가? 팔자와 자신이 규정한 운명에 순응하는 것이다. "팔자대로 손금대로 살아야지. 송충이는 솔잎을 먹어야지."라는 이야기가 운명을 따르라는 뜻이 아니겠는가.

패배주의란 "나는 뭘 하려고 해도 잘 안 된다.", "그런 걸 할 수 있겠어?"라는 마음을 갖는 것을 말한다. 이것을 깨뜨려야 꿈을 실현하는 첫 단계에 진입하는 것이다.

5단계 꿈 이루기

릭 웨렌Rick Warren은 《목적이 이끄는 삶》이라는 책에서 목적이 있는 삶이 성공하는 삶이고 축복받은 삶이라고 역설했다. 목적이 있다는 것은 꿈이 있다는 뜻이다.

폴 마이어는 오늘날 존재하는 자기계발 시장의 창시자라고도 불리는 사람으로, 사람들에게 동기부여를 주고 꿈과 비전을 달성할 수 있도록 다양한 프로그램과 교육 자료를 만들었다. 그는 52번이나 보험회사에 입사시험 원서를 냈으나 떨어지고 53번째 합격한 불굴의 사나이였다. '보험설계사'라는 말도 그가 창시한 이름이다. 그는 "생생하게 꿈을 꾸면 이루어진다."라며 꿈을 이루는 단계를 4단계로 말했다.

첫째, 생생하게 상상하라.

둘째, 간절하게 소망하라.

셋째, 진정으로 믿으라.

넷째, 열정으로 실천하라.

폴 마이어Paul Meyer는 간단하면서도 명료한 '100만 달러의 성공 계획'을 실천하여 27세에 생명보험 역사상 최고의 기록을 세우며 백만장자가 되었다. 그는 자신의 성공 방식을 프로그램화해 전 세계 수많은 사람을 성공의 길로 이끌었다.

27세 때 생명보험 역사상 최고의 세일즈 기록을 세우며 억만장자가 된 폴 마이어는 LMI라는 성공 프로그램 공급 회사를 설립하여, 자신의 성공을 전 세계 많은 이들에게 전달해 줄 수 있는 계기를 만들었다. 현재 이 프로그램은 전 세계 80개국 이상의 나라에서 많은 사람을 성공적인 인생으로 인도하고 있다.

텍사스의 웨이코 시에 있는 LMI 본사에 가면 현관에 다음과 같은 말이 걸려 있다.

"당신의 마음속에 선명하게 그림을 그리고, 열렬히 소망하며, 깊이 믿고, 그를 위해 열의를 가지고 행동하면, 어떤 일이라도 반드시 실현된다."

이 말 속에는 폴 마이어의 전 인생에 걸친 체험과 성공 철학이 고스란히 녹아 있다. 폴 마이어는 어릴 때부터 '무엇이든 해낼 수 있다.'라는 독일계 부모의 강한 교육에서 자라났으며, 그 스스로 도 불가능이란 단어를 모르고 생활해왔다. 어린 시절을 보낸 뒤 군 복무를 거쳐 대학을 중퇴하고 곧바로 생명보험 세일즈계에 뛰어든 폴 마이어는 보험업계에서 어린 시절부터 자신이 경험해온 '무엇이든 해낼 수 있다.'라는 내재된 힘을 꽃 피우고자 했다.

이 무렵 폴 마이어는 자신이 실행해온 '목표를 정한다. 목표에 대해 확고한 신념을 가진다. 행동한다.'라는 일련의 시스템을 다른 사람에게 적용시켜 본다면 어떨까 하는 생각을 가지게 되었다. 처음엔 그의 판매 조직에 적용시켜 보았고, 크게 성공을 거두었다. 이에 고무된 그는 1960년 그의 나이 32세 때 성공 프로그램 판매회사를 설립했다. 오늘날 LMI의 전신인 SMI를 설립한 것이다.

폴 마이어의 성공을 만든 도구는 목표 설정이라고 말할 수 있다. 그는 스스로 자신이 성취한 일 중 75%는 목표 설정 때문이라고 말한다.

"목표란 우리가 겨냥해야 할 과녁 정도의 의미가 아니라, 그보다 훨씬 더 중요한 의미를 가지고 있다. 계획을 구체화하고 그 달성 시한을 정할 때, 구체화된 그 목표에는 불가사의한 힘이 깃들게 된다."

목표의 중요성을 이야기할 때, 폴 마이어는 제너럴 모터스의 도장 공장에서 일하던 두 형제에 대한 이야기를 하곤 했다. 두 형제의 시작은 같았지만 정년퇴직 무렵, 형은 여전히 도장공이었고,

동생은 GM사의 사장이 되어 있었다.

과연 둘 사이에 무슨 차이가 있었을까? 바로 목표를 가지고 살았느냐 아니냐의 차이다. 동생은 잠시도 자신의 자리에 안주하지 않았으며, 목표를 세워 달성해 나갔다. 그는 형이 제자리에 머무는 동안 계속 새로운 목표를 설정했고, 조금씩 앞으로 나갔던 것이다.

폴 마이어는 우리에게 이렇게 말하고 있다.

"우선 당장 종이를 꺼내어 지금까지 생각했던 것, 원했던 것은 모조리 적으십시오. 한 페이지를 다 적었으면 다른 종이에 쓰십시오. 이것이 작성되었다면 이제 꿈들을 달성할 준비를 갖춘 셈입니다. 이제 목표를 향해 나아갈 때는, 내가 모든 목표를 평가하는 데 이용했던 '100만 달러의 성공 계획'이라고 부르는 다섯 가지 기준을 사용하십시오. 나는 반드시 다섯 가지 기준을 검토하고 나서야 목표를 추구하기 시작했습니다."

그는 꿈을 이루는 4단계에 이어 성공하는 다섯 가지 성공 계획을 다음과 같이 말했다.

첫째, 생각을 명료하게 하라.

성취하고자 하는 구체적인 목표를 설정하라. 그런 다음 십자군의 전사와 같은 치열한 열정과 확고부동한 목적의식을 갖고, 그 목표를 달성하는 데 전념하라.

둘째, 목표 달성을 위한 계획을 세우고, 최종 시한을 정하라.

매월, 매일, 매시간 목표 달성의 경과를 신중하게 계획하라. 체계화된 활동과 지속적인 열정이야말로 힘을 샘솟게 하는 원천이다.

셋째, 인생에서 원하는 것들을 충심으로 구하라.

불타는 욕구는 인간의 모든 행동에 최고의 동기를 불어넣어 준다. 성공하고자 하는 욕구는 '성공 의식'을 심어주고, 그것은 다시 힘차게, 점점 증강되는 '성공 습관'을 갖게 해준다.

넷째, 자기 자신과 자기 능력에 대한 최상의 확신을 키우라.

실패 가능성을 염두에 두지 말고 모든 활동을 시작하라. 자신의 약점 대신 강점에, 자신의 문제점 대신 능력에 집중하라.

다섯째, 장애와 비난, 그리고 여건이 어떻든 또 남들이 어떻게 말하고 생각하고 행동하든 자신의 계획을 실천하겠다는 집요한 결의를 품어라.

끊임없이 노력하고 주의력을 기울이며 힘을 집중시키겠다는 결의를 다져라. 기회는 기다리기만 하는 사람에게는 결코 오지 않는다. 싸워서 쟁취하고자 하는 사람만이 기회를 붙잡을 수 있다.

그는 이 다섯 가지를 다 갖추었다면 자신에게 두 가지 질문을 하라고 한다. 이 일은 과연 내게 가치가 있는가? 나는 필요한 시간과 돈과 노력을 기꺼이 투자하겠는가? 이 두 가지 질문에 확신이 있다면 그것을 실행에 옮기라고 한다. 이처럼 꿈은, 꿈이라는 동기부여를 통해 그 꿈을 이루려는 목표를 세우게 하고, 그 목표를 이루기 위해 꾸준하게 반복하여 최선의 노력을 다하게 한다. 또한, 목표가 있다는 것은 언젠가는 그 목표를 이루겠다는 굳은 의지와 각오를 동반하게 된다.

나의 도전과 성취의 모든 과정을 통해 체득한 바를 바탕으로 꿈을 이루는 다섯 단계를 만들었다. 송하성의 꿈 이루기 5단계이다.

> 첫 단계, 큰 꿈을 가져라.
> 둘째 단계, 꿈이 이루어진 모습을 생생하게 상상하라.
> 셋째 단계, 꿈이 이루어지도록 간절하게 구하라.
> 넷째 단계, 진정으로 그 꿈이 이루어질 것을 믿으라.
> 다섯째 단계, 그 꿈과 목표를 향해 열정적으로 돌진하라.

망설이지 말고 행동하라. 바로 지금! Just Now, Just Do it!

자녀가 생생하게 꿈을 그리도록 하라

마하트마 간디Mohandsa K. Gandhi는 말했다.

"인간은 생각에 의해 움직인다. 생각은 말로 표현된다. 사람은 생각의 결과물일 뿐이다. 생각하는 것이 바로 자기 자신인 것이다."

생각은 무엇이든 되게 하고, 하고 싶은 일을 할 수 있게 하며, 얻고자 하는 것을 가질 수 있게 해준다. 실제 이루어져 있는 모습 그대로 생각하는 것은 꿈을 이루는 두 번째 단계 이다.

국회의원의 꿈을 가진 사람은 국회의원이 되어 있는 자신의 모습을 상상해야 한다. 그것도 아주 구체적으로 상상해야 한다. 가능하면 국회의사당 내에 들어가 국회의원 자리에 앉아 그 사진을 찍어 책상 앞이나 머리맡에 붙여놓고 아침에 일어났을 때 보고, 저녁에 자기 전에 보면서 국회의원이 된 모습을 상상해야 한다. 그러면 생각하는 대로 이루어지게 된다.

여기서 중요한 것은 긍정적인 모습을 상상해야 한다. 내가 원하는 것의 반대를 생각하지 말고 내가 원하는 것만을 생각해야 한다. 체중을 감량해야 한다는 목표보다는 날씬한 자신의 몸매를 상상해야 한다. 전쟁 반대를 목표로 내세울 것이 아니라 평화 안착을 목표로 해야 할 것이다. 생생하게 상상하라는 것은 이루어진 모습을 머릿속에 그리라는 뜻이다.

《시크릿》의 저자인 론다 번은 끌어당김의 법칙을 이야기했다. 생각은 바로 에너지라는 것이다. 자신이 생각하고 밀어붙여 자신의 주위 것들을 끌어당겨 일이 되게 한다는 뜻이다. 종교에서 말하는 것도 대동소이하다.

《나는 빨간 폭스바겐을 원한다》라는 책이 있다. 내용은 새 차를 사는 것이 자신의 꿈이었는데, 그렇게 대충 막연히 바라기만 하면 안 되고 어떤 차, 어떤 색상, 어떤 배기량의 차를 사겠다고 구체적으로 꿈꾸고 생각해야 이루어진다는 뜻이었다.

이런 구체적인 목표가 우리 자신을 그 꿈에 한 발짝 더 다가서게 만든다. 끌어당김의 법칙은 구체적으로 생생하게 원하는 것이 꿈 실현의 첫 단계라고 강조한다. 지금 자신의 모습과 현재는 다른 누가 아니라 자신이 원해서 이루어진 것일 뿐 그 어떤 이유로도 설명하지 못한다는 것이다. 우리가 원하는 것을 구체적이고 명확하게 상상하여 원한다면 그에 맞는 행동을 하게 되고 그에 맞는 방법과 목표를 세울 수 있다. 그런 후 폴 마이어의 예처럼 꿈과 목표를 향해 매진하면 목표 달성에 이르게 되는 것이다.

많은 성공학 책들은 이런 예를 들기도 한다. 자신이 무엇인가 되기를 원한다면 마치 지금 그 목표가 이루어진 것처럼 행동하라는 것이다. 그것은 아마도 자신이 되고 싶은 그 무엇인가가 되어 있을 자신을 구체적으로 상상하면, 그 꿈에 더 가까이 갈 수 있다는 뜻도 포함되어 있을 것이다.

만약에 우리 주위에 긍정적인 삶을 살아가는 구체적인 멘토로 삼을 만한 사람이 있다면 그를 모델로 삼아 구체적으로 자신이 원하는 것을 상상하라. 그 사람처럼 생각하고, 그 사람처럼 행동하고, 그 사람의 모든 성공 요인을 자신에게 끌어당겨라. 그렇다면 우주는 자신에게 구체적인 창조의 결과물을 베풀게 된다. 원하는 꿈을 끌어당김의 법칙으로 실체화된 상황을 창조의 법칙이라고 말할 수 있다. 그러한 끌어당김과 창조의 법칙은 우리를 꿈꾸게 하고 목표를 정하게 해준다.

우리는 그 목표를 향해 끊임없이 전력 질주함으로써 더 나은 미래를 맞이한다. 이 법칙은 멀리 있는 것이 아니다. 끌어당김과 창조의 법칙은 항상 마음속에 설치되어 있으며, 내비게이션처럼 언제든지 꿈을 입력하고 실행하면 목표에 도달할 수 있다.

대다수의 사람이 자신의 꿈을 이루지 못하는 분명한 이유는 늘 꿈을 생각하고 그려보지 않을 뿐 아니라 그렇게 될 것이라고 믿지도 않기 때문이다. 다시 말하면 '꿈과 믿음'이야말로 서로 끌어당겨 창조하는 핵심이다.

"믿는 만큼 이루어집니다. 자신이 가장 자신 있는 일부터 이뤄 가면 자기 스스로를 잘 믿을 수 있게 될 것입니다."

- 정지창, 《내 인생을 성공시키는 창조의 법칙》 중에서

…… 이처럼 생각이 깊고 선명해야 형성되는 이미지도 선명하다. 거꾸로 이미지가 선명해지면 생각도 선명해진다. 세계적인 천재들이 한결같이 "난 말이 아니라 그림으로 생각한다."라고 말하는 것도 그런 이유다. …… 우리가 깊이 생각해 바라볼수록, 선명한 이미지를 그려 바라볼수록, 그만큼 깊은 변화가 일어나는 게 당연하다.

- 김상운, 《신이 부리는 요술, 왓칭》 중에서

말한 대로 기대한 대로

《헬라인의 사고방식과 히브리인의 사고방식》이라는 책이 있다. 히브리인은 말 자체가 바로 실체라고 믿는 것이다. 그래서 "저주를 받으라." 하고 손으로 가리키며 저주하면, 저주가 무슨 돌덩이 같이 날아오는 것으로 생각하고 돌을 안 맞으려고 옆으로 몸을 피한다고 한다.

《성서》 창세기에서 이삭은 늙어서 임종이 가까워져 오자 장자 에서를 불러 축복 기도를 해주고자 하였다. 그러나 쌍둥이 차남 야곱이 형 에서의 모습을 가장하여 아버지 이삭에게 축복 기도를 해달라고 졸랐다. 늙어서 눈이 어두운 이삭은 그냥 맏아들 에서인 줄 알고 이렇게 축복한다.

"내 아들의 향취는 여호와께서 복 주신 밭의 향취로다. 하나님은 하늘의 이슬과 땅의 기름짐이며 풍성한 곡식과 포도주를 네게 주시기를 원하노라. 만민이 너를 섬기고 열국이 굴복하리니 네가 형제들의 주가 되고 네 어머니의 아들들이 네게 굴복하며, 너를 저주하는 자는 저주를 받고 너를 축복하는 자는 복을 받기를 원하노라."

그런데 에서가 정작 아버지의 열매를 만들어와 아버지에게 축복을 해달라고 하니 이삭은 둘째 아들 야곱이 자신을 속여 축복을 빼앗아 간 줄 알았으나, 이렇게 이야기했다.

"내가 그를 주로 세우고 그의 모든 형제를 내가 그에게 종으로 주었으며 곡식과 포도주를 그에게 주었으니, 나의 아들아 내가 네게 무엇을 할 수 있으랴."

에서는 아버지에게 "아버지 빌 복이 하나뿐이리까. 내게도 축복하소서." 하며 매달렸다. 그러나 에서의 축복은 "네 주소는 땅의 기름짐에서 멀고 내리는 하늘 이슬에서 멀 것이며, 너는 칼을 믿고 생활하겠고 네 아우를 섬길 것이며 네가 매임을 벗을 때에는 그 멍에를 네 목에서 떨쳐버리리라." 하였다.

'너도 잘되어라' 하면서 축복해주면 될 터인데 왜 그랬을까. 입으로 나오는 말은 그대로 이루어진다는 히브리인의 사고 때문이다.

정말 말한 대로 기대한 대로 바뀌고, 또한 긍정의 효과가 과연 어떤 한 사람을 성공으로 이끌 수 있을까?

이렇게 말한 대로, 생각한 대로, 기대한 대로 이러한 모든 것을 믿고 의지하고 실행하는 경우에 나타나는 현상 자체를 교육심리학적으로 분석한 것이 바로 피그말리온 효과라는 것이다.

피그말리온 효과는 다른 사람들이 자신을 좋게 생각하고 크게 기대할 경우 그러한 기대에 부응해 긍정적 행태를 보이게 되는 경향을 말한다. 교육심리학에서는 교사의 기대가 학생에게 긍정적인 영향을 미치는 심리적 요인을 말한다. 무언가에 대한 사람의 목표, 믿음, 기대, 예측이 그 예측대로 실제로 일어난다는 것이다. 1964년 미국의 교육심리학자 로버트 로젠탈에 의해 실험되었다.

로젠탈Rosenthal과 포드가 대학에서 심리학 실험으로 학생들에게 쥐를 통한 미로찾기 실험을 시켰다. 그 결과 쥐가 미로를 잘 빠져나오는 그룹과 그렇지 못한 그룹, 두 그룹 간의 실험 결과의 차이를 찾을 수 있었다. 전자는 학생들이 쥐에게 정성을 다해 키운 반면, 후자는 쥐를 소홀히 취급했다. 이는 쥐에 거는 기대의 크기에 따라 결과가 달라진다고 로젠탈은 생각했다. 이를 토대로 볼 때 '교사와 학생 간에도 이와 같지 않을까?' 하고 생각하였다.

1964년 봄, 샌프란시스코의 초등학교에서 하버드식 '돌발성 학습능력 예측 테스트'라는 보통의 지능 테스트를 했다. 학급 담임에게는 앞으로 몇 달간에 성적이 오르는 학생을 산출하기 위한 조사라고 설명했다. 실제 조사에는 아무런 의미가 없었고, 실험 시행자는 조사의 결과와 관계없이 무작위로 뽑은 아동의 명부를 학생 담임에게 보여주고, 명부에 기재된 아동이 앞으로 몇 달간에 성적이 향상될 학생이라고 알려주었다. 그 후, 학급 담임은 아이들의 성적이 향상될 것이라는 기대를 품었고, 확실히 그 아이들의 성적은 향상되었다. 학급 담임이 아이들에게 한 기대가 성적 향상의 원인이었다고 생각할 수 있다. 게다가 아이들도 기대를 의식하였기 때문에 성적이 향상된 것이라고 볼 수 있다. 상세히 정리한 보고서는 1968년 《피그말리온 효과》로 간행되었다.

피그말리온 효과는 그리스 신화에 나오는 조각가 피그말리온의 이름에서 유래한 심리학 용어이다. 조각가였던 피그말리온이 아름다운 여인상을 조각하고, 그 여인상을 진심으로 사랑하게 되자, 여신 아프로디테는 그의 사랑에 감동해 여인상에 생명을 주었다. 즉 타인의 기대나 관심으로 인해 능률이 오르거나 결과가 좋아지는 현상을 피그말리온 효과라고 한다. 이 신화는 '무언가를 간절히 바라면 결국 그 소망이 이루어진다'는 상징을 담고 있다. 갈라테이아 효과, 로젠탈 효과, 자성적 예언, 또는 자기 충족적 예언이라고도 한다.

이 이야기는 그리스 신화를 수록한 고대 로마의 오비디우스의 《변신 이야기》 제10권에 수록되어 있다.

행동과학에서 피그말리온 효과를 적용하자면, 자녀들에게 부모의 사랑과 신뢰를 바탕으로 조그만 과정과 결과에도 관심을 가지고 격려와 칭찬을 하는 것이다. 엄마의 관심과 사랑이 자녀에게는 가장 중요한 성취동기이고 자존감이 생성되어 능률이 더 오르고 결과가 좋아지게 된다. 바로 말한 대로 기대한 대로 되는 것이다.

"정말 기막힌 요술 아닌가? 온 세상이 당신이 바라보는 대로 춤을 추다니! 당신 인생은 정말 당신 스스로가 창조하는 것이다." (구글 동영상 사이트의 'observer effect'- 과학사에서 가장 아름다웠던 실험으로 선정됨) '그 실험을 보면 우리의 마음이 어떤 원리로 만물을 변화시키고 새 운명을 창조해내는지 한눈에 알 수 있어요'- 노벨물리학상 수상자 파인만 박사

- 김상운, 《신이 부리는 요술, 왓칭》 중에서

나에게 나타난 네 가지 기적

첫 번째 기적 : 구하라 그러면 줄 것이다

이는 기독교를 홍보하고자 함이 아니다. 설교는 더욱 아니다. 진정으로 무엇을 구하는 자가 믿는다는 일반론을 이야기하고자 한다. 베스트셀러 《연금술사》의 작가 파울로 코엘료Paulo Coelho 도 "당신이 간절히 원하면 우주가 그것을 이루도록 도와주러 온다."라는 의미심장한 예언을 하지 않았던가!

고교 1학년 겨울은 나의 인생을 바꾸는 겨울이었다. 정규오 목사가 계시는 광주 중앙교회에서 광주 시내 고등학교 학생 600여 명이 모이는 수양회가 있었다. 그때 강사로 오게 된 대구 서문교회 이성헌 목사가 모인 학생들에게 큰 소리로 외쳤다.

"여러분은 이 시대의 요셉들입니다. 큰 꿈을 가지십시오! 찬란하고 영롱한 꿈을 꾸십시오! 여러분들 중에 나중에 커서 조그만 구멍가게 주인이 되고자 하는 꿈을 가진 이가 있습니까? 그러면

구멍가게 주인밖에 못됩니다. 더 큰 꿈을 가지십시오!"

나는 숨이 막히는 것 같았다. 그때까지 내 꿈은 금융 계통이나 일반 회사에 취직해서 밥이나 먹고 사는 것에 머물러 있었기 때문이다. 나는 이런 정도의 꿈을 가진 것이 부끄러웠다. 나의 꿈이 너무 초라하고 왜소해 보였다. 이것은 먹고 살려는 방편은 될 수 있어도 꿈이 될 수는 없다고 생각했다. 그래서 큰 꿈을 이루려고 대학에 진학하기로 인생의 방향을 바꾸었다. 돈이 없고 가난하다는 것은 문제가 되지 않을 것이라 생각되었다. 구하는 것을 주시는 하나님을 믿었기 때문이다.

나는 내가 가지고 있던 운명의 세 고리가난, 평범, 약골를 끊을 방법이 무엇일까 곰곰이 생각해 보았다. 답은 바로 찾을 수 있었다. 탈출구는 공부를 잘하는 것밖에 없다고 생각되었다. 나는 눈을 감고 기도를 시작했다. 어렸을 때부터 삶이 파노라마처럼 연상되면서 만감이 교차하였다.

"주님! 광주상고에서 수석을 할 수 있게 해 주십시오!"

나는 간절하게 기도했다.

그런데 한 학년이 주간 600명, 야간까지 합하면 1,200명이나 되는 광주상고에서 수석을 하게 해달라는 기도는 불가능한 기도 제목이었다.

그 당시 내 성적은 전교에서 잘해야 60~80등 정도, 때로는 80~130등까지 밀리곤 했다. 60등에서 130등을 오가는 중간치 성적으로 전체 수석까지 된다는 것은 꿈에서나 일어날 듯한 일이었다. 사실 광주상고는 말이 상고일 뿐이지 우수한 학생들이 많았다. 김대중, 노무현, 이명박 대통령이 모두 상고 출신인 것을 보아도 당시 상황을 짐작할 수 있다. 전교 1등부터 20등까지는 가난해서 광주상고에 온 것일 뿐 머리는 수재들이었기 때문이다. 시골이나 섬지방 중학교에서 수석을 한 학생들도 많았다. 호남의 명문 광주서중에서도 광주일고에 진학하지 않고 광주상고에 온 학생도 더러 있었다. 그러니 이 가난한 수재들이 20~30등 이내에 포진한 상태에서 중간 성적을 유지하고 있는 내가 수석을 한다는 것은 그야말로 불가능한 일이었다. 내 뒤로 있는 60등이나 100등까지도 평균 3~4점 안의 범위에 몰려 있는 보통 학생들이었기 때문에 중간을 유지하기도 쉽지가 않은 형편이었다.

잠을 줄이고 화장실 가는 시간도 아낄 만큼 공부에 집중해야만 중간 정도 수준에서 20등 부근까지 갈 수 있을지 모를 정도였다. 이런 가운데 수석을 한다는 것은 가능성이 아주 희박하고 턱없는 꿈을 꾸는 것처럼 거의 불가능한 일이었다.

하지만 나는 "구하라! 그러면 주실 것이요."라는 말을 믿었다. 믿고 정말로 미친 듯이 열정적으로 공부하였다. 제3의 눈이 떠진 것이다. 선생님이 교실에 들어오시면 "선생님의 말씀이 머릿속에 아로새겨지게 하소서."라고 기도하고 나의 눈과 정신을 선생님께 집중했다. 《성문종합영어》라는 영어 참고서를 매일 몇 장씩 뜯어서 들고 다니며 학교를 왔다 갔다 하는 동안 외웠다. 새벽 기도도 빠지지 않고 참석했다. 기도의 힘이 있어서인지 잠은 4~5시간 밖에 자지 못했지만 피곤하지 않았다.

내가 얼마나 공부를 열심히 했는지를 말할 수 있는 증인이 두 명 있다. 바로 내 동생들이다. 바로 밑의 동생 송영천은 동성중학교에 다니고 있었고, 그 밑의 동생 송영길은 초등학교에 다니고 있었다. 그런데 어린 아우들이 무엇을 보고 배웠으며, 무엇을 알 수 있었을까? 그저 큰형이 하는 것을 보고 흉내 내면서 따라오는 것이 전부였다. 아우들은 미친 듯이 열심히 공부하는 큰형의 모습을 보면서 자신들도 그래야 하는 줄 알고 형을 따라 열심히 공부하게 되었다.

70년 역사의 광주상고에 기적이 일어났다. 공부를 잘한 사람이 더 잘할 수는 있어도 중간치인 학생이 전체 수석을 한 일은 단 한 번도 없었는데 내가 해내고 만 것이다.

"구하라! 그러면 주실 것이요."*라는 말씀을 믿고 기도하며 공부한 지 1년 6개월, 나는 광주상고 전체에서 수석을 하였다. 알라딘의 램프를 만진 것이다. 성령이 작동, 역사하신 것이다. 믿음을 가지면서부터 꿈도 달라져 은행원 시험 준비는 아예 그만두었고 우리나라에서 제일 좋다는 대학에 들어가기로 마음먹었다. 당시 어린 생각에도 나에게는 가족의 생계보다 더 가치 있고 사회에 도움이 될 만한 큰일을 해야 한다는 사명감이 자리 잡아 가고 있었다.

두 번째 기적 : 꿈은 운명과 패배를 이긴다

나는 제22회 행정고등고시에 응시했다. 다른 수험생들의 공부량을 100이라 하면 나는 공부 절대량이 45나 50 정도였다. 붙을수가 없는 시험이었다. 보통 고시 2차 시험은 3일 동안 치르는데시험문제가 너무 어렵게 나와 중간에 그만두고 나올 수없이 생각했다. 그러나 제3의 길에 들어선 나는 기도로 버텼다. 사흘째,마지막 시험은 회계학이었는데 많이 준비하지 못한 취약 과목이었다. 나는 기도하고 점심을 거른 채 12시부터 2시까지 이정호 서울대 교수의 회계학 책을 읽어 나갔다. 한 페이지 한 페이지를 사진 찍듯이 보고 바로 넘겼다. 두 시간 동안 거의 300쪽의 책을 다볼 수 있었다.

시험 문제를 보니 방금 보았던 책의 내용이 마치 사진 현상을하듯 거의 떠올랐다. 기적 같았다. 머릿속에 떠오르는 책 내용을현상 인화하여 답안지를 메울 수 있었다. 합격자 발표 날 아침까지 시험에 떨어져 머리 깎고 군대에 끌려가는 꿈을 꾸었고, 또 다음 날로는 연속극처럼 논산훈련소에서 두들겨 맞는 꿈도 꾸었다.합격자 발표를 기다리기가 너무도 어려웠다. 합격자 발표 날짜에도 나는 자포자기하고 늦잠을 자고 있었다. 그런데 경제학과 1학년 후배 박병탁이 내 하숙집으로 들어와서 "하성 형, 내가 중앙청게시판에 가서 봤는데 형이 고시에 붙었던데 뭐 하고 있어!" 하는것이다. 나는 내 귀를 의심하였다. 그래서 205번 버스를 타고 중앙청 게시판에 가 보았다. '수험번호 10344번 송하성' 내 이름이 있었다.

세 번째 기적 : 당신의 열정에 감동했소

1985년 6월 10일 파리1대학(빵데옹 솔본느 대학) 경제학 박사과정 면접시험장은 긴장감이 돌았다. 박사과정 입학시험을 관장하는 심사위원장 쟝 베나르 교수는 형편없는 나의 불어 실력에 눈살을 찌푸렸다. 긴장한 탓이 아니라 실력이 부족한 탓이었다. 입학시험을 보기 전 알프스 중턱에 있는 그레노블이라는 중소도시에서 불어 어학연수를 받았다. 우리나라의 춘천과 흡사한 호반도시인 그르노블에서 주일 내내 불어 공부를 했고 주말이면 인근 교회에 나가 예배를 드리는 등 불어 공부를 위해 모든 열정을 쏟아 붓기 시작했다. 시간 날 때면 인근 마을로 내려가 아무나 붙잡고 그동안 배운 초보적인 불어 회화 연습을 시작했고 잠을 잘 때면 불어로 꿈을 꾸며 불어 공부만이 인생의 모든 것처럼 매달렸다.

그렇지만 전혀 모르는 상태로 시작한 불어는 생각만큼 실력이 늘지 않았고, 불어권 대학에서 박사과정 공부를 한다는 것은 나에게 말할 수 없는 공포로 다가왔다. 불어에 대한 공포는 필기시험으로 이어졌다. 시험 보기 전 나는 시험문제가 무슨 뜻인지 알아야 쓰든지 말든지 할 텐데, 시험문제 자체를 해석할 수 없을 것 같아 전전긍긍하였다.

드디어 시험은 시작되었고 시험지가 나누어졌다. 역시 시험문제를 해석할 수 없었다. 끝까지 포기하지 않고 읽고 또 읽었다. 10여 분이 지나자 'redistribution'이라는 단어가 눈에 들어왔다. 영어로 소득재분배가 'redistribution'이고 불어로도 철자가 같았기에 아마 '소득재분배 이론을 묻는 문제인가 보다'라고 생각하고 답안지를 써 나갔다. 불어로 문장을 구성할 실력이 없어 경제학은 수학을 많이 쓰므로 그래프도 이용하여 수학식으로 써 내려갔고, 그리고, 그러니, 결론은 이런 말들만 불어로 썼다. 다른 응시자들은 4~5페이지 분량의 답안지를 작성하였지만 나는 한 페이지를 채우고 나니 더 이상 쓸 말이 없었다. 그러나 나의 최선의 노력에 감동하였는지 필기시험은 겨우 통과할 수 있었다.

하지만 면접시험이 최종 시험이었고 필기시험보다 훨씬 더 중요했다. 심사위원장인 깐깐한 외모의 지도교수 쟝 베나르Jean Bénard 교수도 몇 마디 말을 건네고는 나의 불어 수준이 형편없다는 것을 간파하였다. 그리고 단호하게 말했다. "당신의 불어 실력으로는 박사과정 학업을 해나갈 수 없다. 설사 합격시켜 준다고 해도 수업을 따라가지 못할 것이다."라며 노골적으로 불합격을 통고했다.

한순간 눈앞이 깜깜해졌다. 이대로 귀국할 수는 없었다. 면접시험에서 떨어질 것을 예상하고 노트 앞 뒷장에 그때 해야 할 말을 써서 외워갔다. 그것을 외우는 데도 4일이나 걸렸다. 이 말로 교수를 설득해 나를 합격시키게 하리라 마음먹었다. 교수가 떨어뜨린다는 말에 나는 물에 빠진 사람이 지푸라기라도 잡는다는 심정으로 간곡히 그리고 단호하게 큰 소리로 호소했다. "믿고 일을 해나간다면 어떤 일이든지 해나갈 수 있소Tout est Possible à celui gui croit. 만일 당신이 나를 합격만 시켜준다면 어떤 어려움이 있더라도 최선을 다해 따라갈 것이니 기회를 주시오."

화가 나서 그런지 불어가 더욱 잘되는 것 같았다. 한 번도 더듬거리지 않고 큰 소리로 항의하듯이 외쳤다. 동양에서 온 외국인 학생의 예기치 않은 이 같은 당돌함에 교수는 잠시 당황한 기색이 역력했다. 그리고는 무슨 말인가 화난 것 같이 내뱉었다. 내 불어 실력으로는 무슨 말인지 잘 알아들을 수 없었다. 나는 말없이 가만히 있었다.

이어 그는 말했다. "당신이 불어 실력을 빨리 높이려면 프랑스 텔레비전에 나오는 드라마를 계속 보는 것이 좋다."라고 말했다. 나는 대충 알아 들을 수 있었다. 텔레비전이나 드라마는 영어나 불어나 발음이 비슷했기 때문이었다. 불어로는 텔레비전을 텔레비지옹, 드라마를 드하마라고 한다. 그래서 뒷장에 써서 외운 것을 이야기했다. "솔직히 말해 내가 불어만 못한다 뿐이지 한국에서는 한가락 했소. 경제학도 잘하고 고시도 붙었고……. 그러니 불어 못한다고 나를 폄하하지 말고 붙여만 준다면 열심히 하겠소."

이어 무거운 침묵이 잠시 이어졌다. 교수는 무엇인가 결심한 듯이 입술을 꼭 다물더니 분명한 목소리로 크게 말했다.

"당신의 열정에 감동했소. 예외적으로 당신을 합격시키겠소 Exceptionnellement Je vous accept." 한국의 많은 응시자가 떨어졌지만 불어 실력이 가장 나빴던 나는 결국 합격했다. 솔본느 대학 문을 나오는데 꿈을 꾸며 살아온 지난날이 파노라마처럼 머리를 스쳐 갔다.

네 번째 기적 : 꿈은 미국 법도 이긴다

나는 1996년 8월 공정거래위원회 과장으로 일하던 중에 주미한 국대사관 경제외교관으로 발령받아 이번에는 미국에서 공직 생활을 수행하는 행운을 얻게 되었다. 박봉의 공무원 생활만을 하다가 오랜만에 가족들과 외교관 생활을 즐길 수 있었다. 내 집이 2.2 에이커(acre:1acre=4,046m²)나 되었다.

근 8,901.2m²약3,000평나 되니 파쓰리 골프 코스를 2개나 만들 정도였다. 좋은 차에 좋은 집에 애들은 좋은 학교를 보내고 나는 파티에 참석하고, 토요일이면 골프하고 일요일엔 교회나 갔다가 오는 여유 있는 생활을 할 수 있었다. 그러나 나는 기도 중에 늘 이런 응답이 마음에 있었다.

"농사꾼, 나무꾼, 풀떼기 소년에 불과한 나를 하나님이 이 시대의 로마인 미국에까지 인도하셨구나. 여기까지 인도하신 것은 나더러 외교관 생활을 즐기라고 한 것이 아니라 나를 훈련시키려고 한 것이 아닌가. 싫든 좋든 미국이 세계를 움직인다. 미국은 법이 지배하는 나라다. 따라서 미국을 알려면 미국 법을 알아야 하고, 미국 법을 알려면 로스쿨을 들어가 마쳐야 한다. 그래서 미국변호사, 소위 국제변호사가 되어야 한다."

나는 미국 최고 명문 법대 중의 하나인 조지타운 대학 로스쿨에 원서를 냈다. 클린턴 대통령을 비롯하여 많은 상하원 의원, 정치인, 법조인 등 유명한 사람들이 바로 이 대학 출신이다.

법학 석사과정 LL.M은 한국에서 법과대학을 졸업한 사람들에게만 입학 응시 자격을 준다. 지금까지 예외가 없었다고 한다. 한국에서 사법시험에 합격하여 사법연수원을 졸업하고 변호사가 된 사람에게는 사법연수원 교육을 법과대학 교육으로 인정하여 합격시켜준 일이 한 번 있었다고 한다.

나는 경제학과를 졸업한 사람으로 처음부터 응시 자격이 없었다. 그래도 한국에서 법을 집행한 것, 또 고시에서 법 과목을 전공한 것을 증거로 제시했으나 자격 미비로 심사 대상에서 제외되었다.

"송하성, 당신은 본래 원서를 낼 자격이 없어서 합격·불합격 대상에서 제외되었습니다."라는 통보를 받았다. 보통, 이 정도의 상황이면 이렇듯 탄탄하고 높은 불가능의 벽에 부딪혀 도전을 포기하는 것이 상식일 것이다. 그러나 나는 그대로 물러서지 않았다. 프랑스 솔본느 대학에서의 일들이 떠올랐다. 다시 도전하리라 마음먹고 1년을 준비했다.

우선 조지타운 대학 로스쿨에 가서 기도했다.

"하나님 아버지! 살아계신 하나님죽은 하나님이 아닌 아버지! 불가능을 가능케 하신 당신. 나를 조지타운 대학 로스쿨에 들어가게 해 주십시오."

조지타운 대학 로스쿨 도서관 뒤에는 이런 말이 새겨져 있다.

'법이란 궁극적인 목표가 아니다. 다만, 정의를 실현하기 위한 수단일 뿐이다.Law is not ultimate goal, but a tool for justice' 이렇게 기도하고 실무자들에게 매달리고 자주 찾아갔다. 처음에는 날 귀찮아하더니 나중에는 나에게 이런 말을 했다.

"당신이 토플 점수를 610점 맞고 미국 연방정부 장관들의 추천장을 받아오면 보다 호의적으로 고려하겠다."라는 것이었다.

나는 토플시험을 준비했다. 대사관의 내 사무실에도 단어장을 놔두고 단어를 외우는가 하면 차에도 가지고 다니며 차가 밀려 오랫동안 정지할 때 단어를 외우곤 했다. 그러다가 어떤 때는 '내가 이 나이에 청승맞게 무슨 짓을 하고 있지?'라는 생각도 들었다. 그러나 큰 꿈이 있기 때문에 이 정도 장애물은 극복할 수 있었다.

나는 다시 입학 서류를 제출하려고 토플 610점 수준의 영어 실력을 인정받은 서류를 제출했다. 또한, 외교관 생활을 하면서 안면을 갖게 된 미국연방 공정거래위원장 로버트 피토프스키Robert Pitiofski, 법무부 부장관 조엘 클라인Joel Klein에게 부탁해 입학 추천장을 받아 다시 응시하였다.

그러나 입학 허가 여부를 결정하는 과에 근무하는 직원을 통해 알아보니 그렇게 해도 자격 미비로 입학 허가 심사위원회에서 나를 통과시키지 않을 것이라고 했다.

해결책이 없어 전전긍긍하고 있는데, 주변의 외교관 인사들이 '만약 입학하려는 대학에 전 재산을 사후에 기부하기로 한 재벌財閥의 추천장을 받아서 제출하면 혹시 붙여줄지도 모르겠다.'라고 귀띔을 해 주었다. 나는 수소문한 끝에 평소 친분이 있던 재미교포인 하버드 대학 출신의 한 박사를 통해 조지타운 대학에 기증하기로 약속한 재벌을 알게 되었다.

그리고 '꼭 로스쿨에 입학해서 공부하고 싶으니 추천장을 써 달라.'라는 부탁을 간곡하게 했다. 또한, 집으로 초대하여 융숭한 대접을 했다. 지성이면 감천이라고 이 재벌은 마침내 추천장을 써 주었다.

"나는 조지타운 대학을 졸업한 것을 자랑스럽게 생각한다. 나는 지금까지 모교에 어떤 부탁도 하지 않았으며 앞으로도 하지 않을 것이다. 단 한 가지 부탁이 있다면 송하성을 입학시켜 달라. 그는 틀림없이 우리 모교 명예를 드높일 사람으로 확신한다."

그는 추천서 밑에다 자기 재산 헌납 고유번호와 사인을 부기^附記했다. 추천장을 제출했다. 그러나 합격·불합격을 알려주는 편지가 오지 않았다.

한국인이 열 명 남짓 응시한 것 같았는데 4명이 붙고 나머지는 떨어졌다. 나만 합격인지 불합격인지 모르는 상태였다. 대사관에서 일이 끝나면 재빨리 집으로 돌아가 편지통에 손을 넣어 보았지만, 전기료 납부고지서, 피자 선전하는 광고 편지들만 있지 조지타운 대학에서 오는 편지는 없었다. 1주일이 흘러갔다. 나의 초조한 마음은 그지없었다. 어느 날 편지통에 손을 넣어보니 조지타운 대학 로고가 찍힌 편지가 와 있었다.

가슴이 크게 두근거리기 시작했다.

사실 공부를 열심히 하면 고시도 합격할 수 있고 박사도 될 수 있다. 사람이 하는 것이지 귀신이 하는 것이 아니기 때문이다. 그런데 이 로스쿨 합격은 미국 법이 금지한 불가능한 일이었다. 나는 믿음으로 이 불가능에 도전한 것이 아닌가. 고시 합격 발표보다 박사학위 논문 통과보다 몇 배는 더 긴장이 되었다. 심장에서 피를 격하게 뿜어내어 숨이 멎는 것 같았다. 편지봉투를 뜯어보니 편지 맨 위에 '송하성 씨! 합격을 축하합니다.'라는 글자가 선명하게 찍혀 있었다.

파리 대학 입학에 이어 나는 미국 로스쿨에 또 한 번 '예외적'으로 합격해 학업 생활을 할 수 있는 혜택을 얻게 되는 순간이었다.

감사의 눈물이 한없이 쏟아졌다.

"살아계신 하나님 아버지! 불가능을 가능하게 하신 당신에게 감사드립니다." 그리고 마가복음의 한 구절이 생각났다.

"무엇이든지 기도하고 구하는 것은 받은 줄로 믿으라. 그리하면 너희에게 그대로 되리라."(마가복음 11장 24절)

고시에 합격한 4형제와 함께 고흥에서
좌로부터 하성, 경희, 영천, 영길

CHAPTER 5

계획화

기적의 송가네 공부법

너희 중에 누가 망대를 세우고자 할진대 자기의 가진 것이 준공하기까지
에 족할는지 먼저 앉아 그 비용을 계산하지 아니하겠느냐

-누가복음 14장 28절

우등생은 시간 관리도 잘한다

프랑스의 문학가이자 성직자인 프레보Prevost는 시간의 값어치에 대하여 말했다.

"시간은 그 사용 여하에 따라서 돈도 되고 납도 된다."

벤자민 프랭클린도 말했다.

"시간을 얼마나 잘 계획하고 활용하느냐의 차이가 인생의 성공과 실패를 가르는 가장 큰 잣대이다. 네가 네 인생을 사랑한다면 네 시간을 사랑하라. 왜냐하면 인생은 시간으로 구성되어 있기 때문이다."

인생에서 학창 시절은 정신적 또는 육체적으로 중요한 성장기이다. 학생으로 있는 시기는 시간적으로는 인생의 약 20%를 차지하나 중요성은 인생의 절반을 넘지 않겠는가.

하루는 24시간이다. 어떻게 쓰느냐가 관건이다. 무조건 장시간 공부를 열심히 하는 것은 효과가 현저히 떨어진다.

시간을 전략적으로 사용하느냐, 사용하지 못하느냐에 따라 공부를 잘하는 학생과 못하는 학생으로 나누어진다.

우등생들은 시간이 한정된 요소로 가장 희소한 자원이라는 것을 잘 알고 있다. 우리가 목표를 성취하는 과정에서 결정적으로 작용하는 것이 바로 시간이다.

시간은 빌릴 수도, 고용할 수도, 더 많이 투입할 수도 없다. 오직 한정된 자원이다. 항상 부족하면서 가장 낭비가 많은 것이 시간이다. 지금 이 순간이 지나가 버리면 결코 되돌아오지 않는 것이 시간이고, 언제나 부족한 것이 시간이라는 것이다.

공부의 가장 기본적인 투자는 시간이고, 시간의 적절한 배분을 통하여 효율적인 학습을 하는 것이 필요하다. 모든 것은 시간 속에서 일어나고 시간을 필요로 한다.

자녀들이 어떻게 하면 시간을 귀하게 쓸 수 있을까

시간 관리는 규칙적인 생활에서 시작된다. 규칙적인 생활을 하려면 매일 아침 정해진 시간에 일어나는 것부터 시작해야 한다. 시간에 쫓겨 밥도 먹지 못하고 허둥대며 학교에 가는 아이는 황금 시간대인 1~2교시 수업을 망치게 된다. 아이가 공부 계획표에 따라 정해진 과제를 해나가기 위해서는 가족들의 도움이 필요하다. 저녁 식사 시간을 아이의 시간 계획에 따라 맞춘다거나, 집안에서는 되도록 계획되지 않은 일이 일어나지 않도록 배려해주자.

시간을 절약할 수 있는 자신만의 전략을 세우게 한다. 시간을 잘 활용하기 위해서는 시간 절약의 요령을 잘 알아야 한다. 요즈음 시간 관리 전략을 우선순위 전략이라고 하는데, 이것은 일의 중요도를 따져보고 중요한 것부터 해나가는 것을 말한다.

내일로 미루는 습관은 시간 관리의 적이다. 고질병처럼 되어 있는 미루는 습관을 없애기 위해서는 지금 바로 시작부터 해야 한다. 시간이 오래 걸리는 과제가 있다면 그날 즉시 조금이라도 시작하게 하자.

그러기 위해서는 큰 과제를 작은 단위에 따라 공부 시간을 분배하고, 작은 것 하나라도 시작하도록 한다. 이렇게 일단 시작을 해놓으면 완성을 하고 싶은 동기부여가 되어 해결할 수 있다. 미루지 않으려면 자기 합리화를 하지 말아야 한다.

'지금 하는 것보다 나중에 하면 더 능률이 오르니까.', '하고 싶을 때 해야 능률도 오르거든.' 하는 등 미루는 행동에 대해서 스스로 합리화하는 습관을 버려야 한다는 점을 알게 하자.

모두에게 공평하게 주어진 시간을 자기에게 맞게 적절히 분배하여 공부하는 것이 가장 효율적인 공부 방법이다. 시간의 적절한 분배에 실패하면 전쟁에서 작전의 실패로 결국 패배자가 되는 것과 같은 것이다. 전력을 효과적으로 나누는 것은 본인이 가장 잘할 수 있는 것이다.

미국 하버드 대학 학생들은 보통 2시간 정도만 자며, 교실에서 기숙사 사이를 옮겨 다니는 시간마저도 아까워한다고 한다. 하버드 대학의 도서관은 새벽 4시 30분에 개관과 동시에 학생이 꽉 차 공부하는 광경은 《하버드 공부벌레들》이란 영화를 통해 모두가 아는 사실이다.

하버드 학생들은 8시간 동안 화장실에도 가지 않고 책상에만 앉은 학생들이 수두룩하며, 기숙사에서 공부할 땐 문에 '공부 중'이라 붙이고 노크도 허락하지 않으며, TV와 컴퓨터를 가리고 스탠드 외의 조명은 끄고 공부한다. 그리고 우리가 배워야 할 가장 중요한 공부 방법은 시계의 건전지를 빼버리는 것이다. 이것이 바로 시간을 지배하는 방법이라고 그들은 말한다.

"내가 얼마의 시간을 공부했는지는 중요하지 않고 내가 얼마나 깊이 몰입해서 공부했는지가 중요하다. 짧은 시간이라도 내가 원하는 만큼 깊이 공부했다면 나는 후회가 없다."

시간 관리 전문가 마이클 포티노Photino에 따르면, 평균적으로 사람들은 일생을 놓고 볼 때 평균적으로 화장실에서 보내는 시간이 7년, 식사하는 데 6년, 줄 서서 기다리며 보내는 데 5년을 쓴다. 집안을 청소하는 데는 4년, 회의하는 데 3년, 물건을 찾느라 1년, 스팸 메일을 열어 보는데 8개월을 소비한다. 또 빨강 신호등 앞에서 대기하는데 6개월, 심지어 이를 닦는데 120일을 보낸다. 그런데 배우자와 대화하는 시간은 매일 4분에 불과하고, 아이들과 대화하는 시간은 매일 30초밖에 되지 않는다고 말했다.

세상엔 두 종류의 사람이 있다. 시간에 쫓기는 사람과 시간을 지배하는 사람. 시간을 지배하는 사람은 중요하고 필요한 일에 시간을 쓰며, 시간을 관리할 수 있다고 믿는다. 그리고 시간이 사건 위주로 흐른다고 생각한다. 시간에 쫓기는 사람은 일어나면 내키는 대로 시간을 사용하지만, 시간을 지배하는 사람은 일어나면 해야 할 일의 목록이 있고 하루 중 '최고의 시간'에 가장 중요한 일을 한다.

프랑스의 사상가 몽테뉴Montaigne는 "사람은 시간을 빌려 주는 것을 쉽게 생각한다. 만일 사람들이 돈을 아끼듯이 시간을 아낄 줄 알면 그 사람은 남을 위해 보다 큰일을 하며 크게 성공할 것이다."라고 말했다.

성공하고 싶다면 시간부터 관리하라는 말이 있다. 성공한 사람들 모두 시간을 지배한 사람들이었다. 바꿔 얘기하면 시간을 지배하지 못하고선 성공할 수 없다. 실패한 사람들의 한결같은 특징이 모두 시간 관리에 실패했거나 시간을 낭비해 왔다. 이들의 실패 요인은 왜 시간 관리를 해야 하는지 목표와 목적이 없었다. 그리고 생활 태도가 불규칙적이었고 쓸데없이 불필요한 곳에 시간을 허비했기 때문이다.

인생 관리의 출발이 곧 시간 관리Time managing이고, 이는 자기 관리Self managing이다. 사람들은 항상 바쁘다. 시간 관리를 하고 싶어도 그런 생각을 할 만한 시간이 없다. 담배 피우고 술 마시고 채팅하는 시간은 중요하지만 시간 관리를 생각해 볼 만한 시간은 없다. 이는 시간 관리 자체가 업무의 효율성을 높이거나 처리 속도를 빨리해야 한다는 부담이 커서 그렇다. 짧은 시간에 많은 일을 짜 맞추도록 압력을 가하기 때문이다.

경영 컨설턴트 리처드 코치Richard Koch는 이런 식의 시간 관리는 작은 용기에 두 배가 넘는 물을 담는 어리석은 짓이라고 말한다.

코치는 "시간이 부족하다는 것은 말이 안 된다. 우리는 넘치는 시간 속에서 살고 있다. 문제는 그 시간 중에 제대로 활용하는 것이 단 20%뿐이라는 데 있다. 이것이 20%의 항목으로 80%의 가치를 창출해 내자는 것이다."라고 말하고 있다.

공부 계획표를 만들게 하라

실천할 수 있고 효과적인 공부를 위해 학습 내용을 중심으로 '오늘은 어디까지 공부해야지' 하는 하루하루 달성해야 할 양을 정해 과목별로 또는 단원별로 구체적인 계획서를 작성해야 한다.

성적 향상을 위해서 이번 시험에서 몇 점을 목표로 할 것인가? 목표 점수에 도달하기 위해서 어떻게 공부하여야 할 것인가?

과목별로 공부할 날짜와 시간을 어떻게 배분할 것인가? 머릿속에서 따져보고 계산하여 도표로 작성하고 상황에 따라 수정하고 보완하면서 공부를 해야 한다.

공부는 무턱대고 하는 것이 아니라 반드시 계획을 세워 철저하게 그 계획을 실천해야 한다. 계획은 작전이다. 작전이 없는 전쟁은 패할 수밖에 없듯이 계획이 없는 공부는 성공할 수 없다. 계획을 세울 때는 구체적으로 세우고 큰 영역의 계획에서 점점 더 좁혀지는 작은 계획까지 꼼꼼하고 철저하게 계획을 세워야 한다.

단기 목표에 맞추어 1년간의 공부 계획을 세우고, 한 학기의 계획을 세우고, 월간 계획을 세우고, 주간 계획을 세워 큰 테두리 안에서 범위를 좁혀 작은 영역의 테두리로 세부 계획을 세워나가는 계획표를 만들어야 하는 것이다.

이러한 계획을 세워 계획표대로 공부를 한다면 시간이 지남에 따라 자연스레 행동에 익숙해지기 마련이고, 말 그대로 송가네 공부법에서 추구하는 공부하는 버릇이 생기게 되는 것이다. 이러한 공부 버릇이 생기게 되면 계획을 세우지 않아도 나의 생각과 나의 행동이 공부를 하는 행동 그 자체로 바뀌게 되는 것이다.

예컨대 영어, 수학 공부는 세밀한 학습 계획을 바탕으로 할 때 성적 향상이 가능하다. 물론 영어와 수학의 경우 원리를 알고 이해하고 매일매일 반복하여 공부하는 것이 중요하지만, 원리를 안다고 하더라도 계획을 세우지 않고 공부를 하게 된다면 두서가 없는 공부가 될 것은 당연한 이치다.

정기적으로 보는 중간고사나 기말고사 때는 시험 전 최소 2주일 전에는 시험 대비 공부 세부 계획표가 나와야 하고 이를 실천해야 한다.

시험 기간의 공부 계획표를 세울 때는 주요 과목 및 취약 과목에 대한 시간 분배와 투자를 많이 하는 계획을 세워야 하고, 반드시 소화를 해낼 수 있는 만큼의 분량을 나누어 체크하여야 하며, 공부를 많이 필요로 하지 않는 과목과 자신 있는 과목은 계획과 시간을 나누어 시간 분배를 최소화로 한다.

시간 관리는 가장 중요한 점이다. 우리가 산에 오르기 위해 지도가 필요하고 바다를 항해하기 위해 나침반이 필요하듯이, 매일의 계획을 잘 세우고 실천하기 위한 자기의 공부 계획이 필요하다.

상위 1% 우등생들은 최소한 진로·진학에 대한 것부터 직업, 꿈, 사명에 관한 것까지 짧게는 일주일에서 길게는 수십 년간의 자기 인생 계획이 짜여 있다. 하지만 시간 관리가 잘 안 되고 공부를 못하는 학생들은 구체적인 계획 없이 응급처치식의 하루 계획만 세울 뿐이다. 결국 자신이 무엇을 위해 어디로 가고 있는 것인지 점검하고 계획을 실행에 옮기는 좋은 습관을 가져야만, 무작정 공부함으로써 결과물 없이 시간만 낭비하고 동기를 상실하는 경험을 하지 않게 될 것이다.

공부는 반복을 통한 습관을 만드는 것이 무엇보다 중요하며, 이를 위해서는 정해진 시간에 정해진 양을 하겠다는 계획표를 짜는 것이 필요하다.

기간에 따라 공부 계획을 따로 작성하지만 결국 모든 공부 계획은 기간이 긴 공부 계획을 기반으로 짧은 기간의 계획이 세워져야 하며, 추상적인 공부 계획보다는 구체적인 공부 계획을 세워야 한다.

공부 계획이 구체적일수록 목표 달성에 도움이 되므로 최대한 자세히 공부 계획을 세우도록 한다. 처음으로 공부 계획을 세워보는 학생은 모든 기간의 계획을 한꺼번에 세우려고 하기보다 주간 계획을 세우고 그에 따라 일일 계획을 세우는 방법으로 시작한다.

공부 계획 짜기에 익숙해지고 나면 점차 월간 계획, 학기별 계획으로 확장시켜서 계획을 만들도록 한다. 학기별 계획과 연간 계획은 계획이라기보다는 목표 설정에 가깝다.

그 학기에 본인이 원하는 성적이나 잘하고 싶은 과목을 정해 구체적으로 명시하도록 한다. 예를 들어, '성적을 반에서 10위권 이내에 들도록 한다' 혹은 '수학 과목의 시험 점수를 10점 이상 올리겠다' 등 월간 계획은 그 달의 상황에 맞게 작성하고 학기별 계획으로 실천할 구체적인 일정을 집어넣는다.

월간 계획표는 새로운 달이 시작되기 며칠 전까지 만들도록 한다. 그리고 난 후 주간 계획과 일일 계획을 세우기 전에 제일 먼저 지금까지 자신이 하루 또는 일주일의 시간을 어떻게 활용하고 있는지를 스스로 점검해 보아야 한다.

우선 어제 또는 1주일 동안 자신이 한 일을 시간대별로 표를 만들어 나열해 보자. 그 다음 자신이 시간을 어떻게 보내고 있었는지 분석해 본다. 이처럼 시간 활용을 점검해 보면, 비효율적으로 버려지는 시간을 스스로 깨닫게 된다.

이러한 점검을 통해 자신이 시간을 활용하는 데 어떤 문제점을 가지고 있는지, 자신이 활용할 수 있는 시간이 어느 정도나 되는지 파악해야만 스스로 실천할 수 있는 현실적인 계획표가 완성될 것이다.

TIP 공부 계획표 작성 요령

1. 공부 계획표는 한 주의 학습 분량을 고려하여 주간 계획을 세우고, 다음에 하루 계획을 세운다.

2. 전체 학습 분량을 계산하여 실천 가능하면서도 도전할 가치가 있는 순으로 일주일 공부 계획을 세운다. 주간 계획은 공부해야 할 각 교과목을 나누고, 그 과목의 공부할 부분을 크게 나누어 쓴다. 이때 대단원과 소단원은 꼭 써야 하는데, 이렇게 과목의 대단원과 소단원을 씀으로써 자신이 공부하고 있는 부분이 교과목의 흐름상 어느 곳인지 기억할 수 있다.

예) 과학 / 생식과 발생 - 체세포 분열

3. 일주일을 보내고 난 후에는 일주일 동안 목표한 주간 계획대로 잘 실행했는지를 점검해야 한다. 달성하지 못한 목표가 있다면 확실히 보충하고, 한 주의 계획을 모두 달성했다면 하루쯤 편안히 자유시간을 갖도록 한다. 그리고 다시 다음 일주일의 계획을 세운다.

4. 주간 계획에서 계산한 월요일부터 토요일의 공부 분량에 따라 일일 계획을 세운다. 너무 무리한 계획을 세우기보다 자신이 실천할 수 있는 한도 내에서 계획을 세운다.

5. 자신이 하루에 공부에 투자할 수 있는 시간을 정했다면 공부하는 시간에 해야 될 것을 과목별로 구체적인 양을 정해야 한다.

예) "8시부터 9시까지 영어 문제집 30~40쪽"

6. 공부 계획표를 작성할 때 유의할 점은 기록 중심이 아닌 계획과 실행, 평가, 점검, 수정 중심으로 공부 계획표를 써야 하며, 매일 10~15분 이내에 이 모든 것을 끝내는 것이 효과적이다.

계획은 욕심보다 적게, 실천은 반드시

왜 계획은 욕심보다 적게 세워야 하는가? 이유는 처음부터 너무 거창하게 계획을 세우면 지키기가 힘들어서 금방 포기하고 다른 길로 빠지게 되기 때문이다. 계획을 무리하게 세우게 되면 계획표만 봐도 엄청난 시간과 엄청난 공부의 양 때문에 꾸준히 실천할 수도 없을뿐더러 시간이 지남에 따라 공부가 하기 싫어지고, 또 공부의 계획을 지키지 않았다는 죄책감과 실망감으로 자존감이 낮아지기 때문이다.

그래서 계획은 적게 실천 가능하게 짜는 것이 중요하다. 작은 계획부터 세우고 실천하게 되면 나중에 자신도 모르는 사이에 많은 계획들을 세우고, 그 계획에 알맞은 실천 방법의 생활을 하면서 저절로 학업 성적도 좋아지는 것이다.

그렇다면 작은 계획의 실천 방법에 대해서 알아보도록 하자. 보통의 경우 자신의 목표를 세우고 굳은 결심을 하지만, 작심삼일이 되어버리기 쉽다. 일단은 목표가 구체적이지 않기 때문이다. 계획은 구체적일수록 세분화되기 때문에 한눈에 일목요연하게 알 수가 있고 실천할 수 있게 된다. 단지 과목명만 적고 책을 펼치는 것보다는 성확하게 공부해야 할 부분을 적어 주고 구체적인 계획을 세우고 그것을 실천할 수 있도록 해야 한다. 작은 목표 성취가 모이면 자녀들의 자아 효능감은 커진다. 높은 자아 효능감은 스스로에게 긍정적인 감정을 경험하도록 하여 보다 상위 과제에 도전하려는 열정을 갖게 한다.

이처럼 학생들이 자기 자신의 능력을 믿을 수 있도록 도와주는 것은 계획의 실천에 있다. 실천을 이루는 길은 구체적인 계획부터 시작되어야 한다.

계획을 세운 후에는 실제 달성한 정도를 표시하고 학생들은 자기 공부 계획과 학교 수업 시간에 대한 성취도와 집중도를 스스로 작성한다. 점수의 만점은 100점이 아닌 120점이다. 자신의 계획보다 더 많은 양을 달성했을 때 스스로에게 상을 부여하는 것이다. 동기는 외부로부터 만들어지는 것보다 스스로 만들어 내는 것이 중요하다.

적은 목표는 쉬운 것부터 실천함으로써 자녀가 가장 신뢰하는 엄마가 결과보다 과정을 칭찬하고 격려하면 우리의 자녀는 자신감이 생기고 좀 더 노력하여 실천하겠다는 생각을 하게 되는 것이다. 이것이 공부 버릇이 만들어지는 과정이다.

구체적인 목표를 세우고, 그것을 종이에 적고 매일매일 바라보며 실천해야 한다.

적은 계획을 실천하는 방법은 과제가 성취될 날짜와 과제 완성에 필요한 세부적인 과제를 확인하는 것이다. 과제의 마감 시간을 정하는 것은 목표를 향해 전진하는 데 도움이 된다. 적은 계획으로 단기간 내에 목표를 달성하면 어떠한 과목의 공부라도 완성할 수 있을 것이라는 확신을 갖게 된다.

따라서 목표 달성을 위한 공부의 실천 계획은 몇 개의 구체적이고 자세한 목표로 나누고, 적은 계획을 세우면서 단기간 내에 이룰 수 있는 목표를 완성함으로써 최종적으로는 더 세밀하고 더 큰 계획을 세우게 되었을 때에 그 목표를 달성할 수 있다는 것이다.

장기적인 목표를 세우고 그것을 성취하기 위한 전략, 전술을 매일매일 실행하고 반성하는 일을 반복하다 보면, 평범한 이 방법이 몇 년 이상 습관적으로 쌓이게 된다. 그렇게 되면 계획과 목표 없이 살아가는 대부분의 사람이 절대로 따라올 수 없는 결과를 이루게 되는 것이다.

잠깐의 휴식은 능률적이다

　뇌를 연구하는 학자들에 의하면 사람은 하루에 최소한 5시간은 잠을 자야 건강을 유지할 수 있다고 말한다. 또한, 활발한 뇌세포의 활동을 기대하기 위해 하루에 6시간 정도는 뇌의 휴식시간이 필요하다고 한다.

　잠 안 자고 멍한 상태에서 3~4시간 공부하는 것보다 맑은 정신으로 1~2시간 집중하여 공부하는 것이 합리적인 공부 방법임을 알아야 한다.

　정신과 의사들은 두뇌 활동을 활발하게 하기 위하여 하루에 6시간 정도의 수면이 필요하다고 한다.

　피곤하여 졸리면 억지로 참는 것보다는 20~30분 정도 짧은 시간 동안 잠을 자고 나서 정신을 집중하여 공부하는 것이 효과적이다. 성적은 몇 시간 동안 공부했느냐의 양보다 무엇을 얼마나 집중해서 이해하고 공부했느냐의 질이 좌우한다. 따라서 졸린 상태에서의 공부는 효과가 없다.

자신의 신체 리듬에 맞게 정신을 집중할 수 있는 시간을 만들어 자기 공부 계획대로 하는 효율적인 공부가 중요하다. 필자는 고등학교와 대학교, 그리고 행정고시를 준비했던 기간 동안 평균 6시간 수면을 취하고 집중하는 방법으로 공부했다. 공부는 장거리 경기와 같다. 조급하게 생각하면 절대 승자가 될 수 없다.

보통 저녁 수면은 5시간 정도가 좋고, 부족한 수면 시간은 점심 후 낮잠 10~20분 정도 보충하면 효과적이다. 신체에서 필요로 하는 가장 적당한 수면은 피곤을 느끼지 않는 정도로 자는 것이 효과적이다.

그리고 개개인에 따라 신체 리듬에 따라 시간을 조정하여 수면 리듬 계획을 세워 규칙적인 시간에 수면을 취하는 것이 중요하며, 지속적으로 꾸준히 공부하는 버릇을 가지는 데 필요로 하는 수면은 신체의 기초적 에너지가 된다.

필기시험에 임하여 공부하는 자세

- 송하성 교수 맏아들*의 공부 노하우

　수능, 사법시험(1, 2차), 사법연수원 시험(1, 2, 4학기) 등 미래와 진로에 중요한 영향을 미치는 시험을 수차례 치러 왔습니다. 다른 직종에 비해 필기시험으로 평가받는 기회가 많다 보니 아무래도 시험 공부하는 요령이 남들보다 좋은 편이라고 생각합니다. 그동안 개인적으로, 또는 같이 공부를 해온 친구들과 함께 고민하면서 느낀 소위 '시험 공부를 하는 방법'에 대해서 간략하게 적어보려고 합니다.

　다만, 최근 수년 동안 제가 주로 한 공부가 법학이므로 이에 최적화된 방법이겠으나, 다른 영역에서도 어느 정도는 활용될 수 있으리라 생각됩니다. 아래의 내용이 어떻게 보면 당연한 내용일 수 있지만, 정신없이 공부하면서 실체에 집중하다 보면 기본적인 방법론에 관하여 간과하는 경우가 많으므로, 노력에 비해 결과가 생각처럼 나오지 않는 학생분들께서 편하게 곱씹어 읽어보시면 조금이나마 도움이 될 것이라 사료됩니다.

---

* 송하성 교수의 맏아들은 사법시험, 사법연수원을 거쳐 현재 서울동부법원에서 판사로 재직 중이다.

공부의 첫걸음 - 이해, 정리, 암기

모든 공부는 ① 이해, ② 정리, ③ 암기의 순서로 이루어져야 한다고 생각합니다. 너무 당연하고 단순한 얘기일 수 있으나, 의외로 수험생들이 위 순서를 뒤바꾸어 공부하는 경우가 많습니다. 아래보다 자세하게 각 단계에 관하여 기술하겠습니다.

이해를 해야 암기가 된다

이해 없는 암기는 암기에 특수한 재능을 가진 소수 천재를 제외하고는 불가능합니다. 배우가 수백 장의 대본을 외우고, 사법시험 수험생들이 수천 장의 법학 지식을 숙지하는 것은 가능하지만, 아무리 암기를 잘하는 사람이라도 아무런 의미 없이 나열된 단어는 몇 줄도 채 외우기 힘들다는 것입니다. 즉 현재 공부하고 있는 내용이 전체 내용 중 어느 부분에 해당하는지, 왜 문제가 되는지, 무엇을 해결하는 데 필요한지, 어떤 논리 과정으로 이러한 결론에 도달했는지 등을 알아야 합니다.

이를 위해서는 결국 해당 과목의 책을 위의 물음들을 해결해 가며 정독하는 것이 올바른 방법이지만, 아무래도 책은 사람이 말로 설명할 때에 비해 당연한 논리 과정은 생략하는 경향이 있고, 때로는 중의적인 단어나 여러 가지 해석의 여지가 있는 논리가 적혀 있는 경우도 있습니다. 따라서 자칫 혼자의 힘으로만 읽다가는 저자가 의도한 바와 다르게 이해하게 되는 일이 생길 수 있으므로, 공부하려는 과목과 책에 대한 저자나 기타 검증된 사람의 강의가 있다면 이를 한 번쯤은 듣는 것이 안전한 방법입니다.

정리를 해야 자신의 것으로 만든다

사람마다 이해에 이르는 과정과 이해에 필요한 정보가 다르기 때문에 이를 자신에게 편하게 정리해야 다시 그 부분을 공부할 때 보다 빠르게 이해를 할 수 있습니다. 자신이 인지하기에 편안한 방식으로 정리를 해야 자연스럽게 다음 단계인 '암기'에 이를 수 있습니다.

가령 책에 A → B → C의 논리 과정이 적혀 있는 경우, 만약 자신과 저자의 사고방식이 비슷하다면 그 자체로 편안하게 이해를 할 수 있을 것이므로 특별히 정리가 필요 없겠으나, 만약 A와 B 사이에 (A)라는 연결고리가 필요한 사람은 이를 그 사이에 적어 놓는다면 다시 읽을 때 한층 자연스럽게 받아드릴 수 있을 것이고, 한편 B가 없이도 A에서 C로의 논리를 자연스럽게 받아들일 수 있는 사람은 B를 지우는 것이 다시 읽을 때 더욱 빠르고 효율적일 것입니다.

자신에게 맞는 정리 방법은 궁극적으로 자신이 만들어 내야 한다는 것입니다. 저는 개인적으로 최소 필요한 기호와 색을 사용해서 직관성을 높이는 방법을 선호합니다. 가령 법 공부의 경우, 각 논리 단계의 핵심 문구는 검은색 펜을, 그중 핵심 단어는 형광펜을, 그 논리에 관한 긍정 판례의 핵심 문구는 파란색 펜을, 부정 판례 핵심 문구는 빨간색 펜을 사용하여 밑줄을 긋고, 판례의 사실관계 부분 앞에는 ft fact라는 의미로, 법리 부분 앞에는 l legal theory라는 의미로, 원칙적인 내용 앞에는 a, 예외적인 내용 앞에는 b 등으로 표시하는 방법을 사용하였습니다.

처음에는 강의나 참고서의 도움을 받아 정리를 하다가, 차츰 자신에게 가장 적합한 방식으로 천천히 바꾸어 나가면 됩니다. '내가 어떻게 하면 보다 자연스럽고 직관적으로 받아들일 수 있을까'를 항상 고민하며 정리를 하다 보면 요령이 늘게 됩니다.

암기는 이해의 완성이다

어떤 지식에 관하여 완전히 이해를 하고 있으면, 그에 관하여 누가 물었을 때 자신만의 언어로 나름의 표현이 가능합니다. 그러나 시험은 한정된 시간 안에 자신이 이해하고 있는 지식을 빠르게 풀어내거나 응용하는 것을 요구하므로 위에서 정리한 부분 중 일부를 암기하는 것이 효과적이며, 또한 때로는 암기하는 과정에서 내용을 곱씹다 보면 비로소 정확한 이해를 하게 되는 경우도 있습니다.

암기하는 방법은 사람마다 다른데, 아직 자신에게 맞는 방법을 못 찾았다면 이 책에 소개된 여러 가지 방법 중 하나를 연습하여 자신의 것으로 만들 것을 추천합니다.

제가 개인적으로 사용한 방법은, 이미 이해와 정리가 완료된 책의 빈 곳에 그 페이지의 내용과 관련한 키워드 몇 개를 추려서 적어 놓은 다음, 책을 읽으면서 목차를 제외한 내용 부분을 가리고, 그 키워드를 보면서 그 목차의 쟁점과 내용을 연상하는 방식을 수차례 반복하였습니다. 그리하면 나중에는 목차와 키워드만 떠올려도 나머지 내용이 자연스럽게 생각이 나게 됩니다. 법학 등 사회과학을 공부할 때 효과적인 방법이라고 생각됩니다.

시험이 임박할수록 응용보다는 기본에 충실해야

모든 시험은 응시자가 그 과목의 기본적인 내용을 알고 있는지를 테스트하는 것을 1차적인 목표로 하고, 부차적으로 기본 내용에서 파생된 특수한 내용이나 응용문제를 통해 응시자 간의 변별력을 두려고 합니다. 즉 일반적으로 시험문제는 응시자의 최소 자격을 테스트하는 기본적인 문제가 약 70%A문제, 변별력을 두기 위한 문제가 약 30%B문제를 구성하고 있습니다.

일반적으로 공부를 하다가 그 과목에 대한 어느 수준에 이르면 A문제는 쉽게 풀 수 있다는 생각에 B문제에 치중하여 공부를 하게 되는 경향이 있고, 특히 시험에 임박하면 할수록 어렵고 특이한 부분을 공부해서 남들과의 변별력을 두려고 하는 사람들이 많습니다.

그러나 시험을 본 후 친구들과 서로 틀린 부분을 맞춰보다 보면 항상 느끼는 것이지만, A문제 부분에서 의외로 점수 차이가 많이 나서 출제자의 의도와는 정반대로 B문제가 아닌 A문제에 의해 변별력이 발생하는 경우가 많습니다. 특히 시험 범위가 넓은 시험인 수능, 사법시험, TOEIC 등에서 더욱 그렇습니다. 양이 많다 보니, 기본적인 부분을 미처 깨닫지 못한 채 어려운 문제만 연습하다가 막상 기본적인 부분을 정확히 모르거나 실수를 하는 것입니다. 즉 70%의 A문제를 대부분 맞추고, 30%의 B문제를 일부만 맞춰도 생각보다 다른 응시자에 비해 좋은 결과를 낼 확률이 높은데, 오히려 30%의 B문제에 치중하다가 70%의 A문제에서 많은 실수를 하여 자기보다 공부를 덜한, 즉 애초부터 B문제를 포기하고 A문제만 공부한 다른 응시자보다 나쁜 결과를 얻는 경우가 발생합니다.

결국 공부는 기본적인 부분을 숙지 후 응용문제를 연습한 다음 시험이 임박할수록 다시 기본적인 부분으로 돌아와야 합니다 A-B-A. 즉 언덕형으로 공부해야 한다는 것입니다. 남들보다 열심히 해서 언덕을 여러 번 올라도 좋습니다. 그러나 항상 시험이 임박해서는 다시 평지기본적인 부분로 내려와야 한다는 것입니다. '기본적인 부분'이 무엇인지 여부는 무엇을 공부하느냐에 따라 다르겠지만 대부분의 수험서, 문제집에는 기존 기출문제를 분석하여 난이도 내지는 중요도를 표시하여 놓는 경우가 많으므로 이를 참고하면 됩니다. 난이도가 낮을수록, 중요도가 높을수록 '기본적인' 부분입니다.

특히 시험공부는 강·약을 조절해라

　모든 과목에는 시험에 자주 출제되는 부분과 덜 출제되는 부분이 있으므로 강약을 두어 공부해야 합니다. 어떻게 보면 너무 당연한 것임에도, 의외로 책을 처음부터 끝까지 빠짐없이 같은 비중으로 성실히 공부해야만 시험을 완벽하게 대비할 수 있다는 도그마를 가진 사람들이 많습니다.

　자동차로 평지만 계속 쭉 달리면 그동안 지나친 곳을 기억하기 어렵지만, 언덕을 오르내리고 평지를 달리다 강을 건넌 후 다시 평지를 달리면 그 언덕의 이름과 강의 이름 정도는 떠올릴 수 있고, 나아가 언덕과 강 사이에 끼어 있는 평지들의 지명까지 유추할 수 있게 됩니다. 즉 강약을 두어야 '강'뿐만 아니라 '약'도 더 기억하기 쉬워질 수 있다는 얘기입니다. 동물의 뼈만 봐도 뇌가 무의식적으로 그 살을 채워 그 동물의 실물을 상상할 수 있는 것과 같은 이치입니다.

　다만, 주의할 것은 출제 가능성이 낮은 부위를 아예 무시하라는 이야기는 아닙니다. '약'이라고 해도 아예 본 적이 없으면, 유추조차 할 수 없기 때문입니다. 개인적으로 공부할 때 중요도를 보통 상중하 3단계 정도로 구분을 하여 나름의 기호를 사용하여 표시한 뒤 몇 가지 원칙을 두고 공부합니다. 예를 들어 '상을 3번 볼 때 중을 2번, 하를 1번 본다.', '시험이 임박할수록 상 위주로 본다.', '상 위주로 하루 만에 볼 수 있는 분량을 포스트잇 등으로 미리 표시해

두어 시험 하루 전날 본다.' 등이 있습니다.

강약을 구분하는 기준은 무엇을 공부하느냐에 따라 다를 텐데, 기출문제가 공개되어 있는 시험은 기출문제가 최우선적인 기준이고, 학교 중간고사 같은 시험은 결국 선생님이 강조하는 부분이 기준일 것입니다. 개인적으로는 책을 처음 볼 때 책 전체의 목차를 보면서, 이 책이 무엇을 설명하기 위한 것인지, 어떤 목차 부분의 페이지 수가 가장 많은지 등을 참조하여 비중을 더 둘 부분을 정하고, 전체 목차에서 빠지더라도 중요 부분을 이해하는데 별 탈이 없을 것 같은 부분은 비중을 덜 두어 공부합니다. 어떤 공부를 하던지 강약을 구분하는 습관을 들이다 보면, 처음 보는 내용이라도 어디가 중요한 부분인지에 관한 감이 생길 수 있습니다.

항상 시험 적합성을 생각하는 공부

시험공부는 결국 시험을 잘 보기 위한 과정이라는 것을 항상 염두에 두어야 합니다. 공부를 많이 하다 보면 그 나름의 매력에 빠져 시험과 동떨어진 공부에 집착하는 사람들을 종종 보게 되는데 이는 진리를 탐구하고 발견해야 할 석사, 박사 과정의 예비 학자들에게는 바람직한 태도이지만 수험생으로서는 비효율적입니다. 항상 공부하면서 출제자의 입장이 되어 '시험 적합성이 있는 부분인지, 어떻게 시험문제화 될 수 있을지'를 고민해야 합니다. 이를 소홀히 하면 쓸데없는 부분을 공부하거나, 자신이 아는 부분에서 문제가 나와도 자신이 아는 부분임을 미처 깨닫지 못하고 틀리는 경우가 생깁니다. 물론 갑자기 이것이 가능한 것은 아니지만, 그러나 평소에 이를 고민하는 습관을 갖는 것이 중요하고, 이러한 습관은 시간이 지나면서 큰 차이를 가져오게 됩니다. 사법연수원 동기 중에는 시험문제 예상을 귀신같이 하는 분들이 있었는데, 수년간의 '출제자의 입장이 되어 보는' 습관이 낳은 능력이라 할 수 있을 것입니다.

두 아들과 함께
좌측이 [필기시험에 임하여 공부하는 자세]를 쓴 맏아들 송승환 판사

CHAPTER 6

동작화

기적의 송가네 공부법

"나는 몇 년 전부터 독서에 대해 좀 알게 되었다. 책을 그냥 읽기만 한다면 하루에 천백번을 읽더라도 읽지 않은 것과 매한가지다. 무릇 책을 읽을 때에는 한 글자라도 그 뜻을 분명히 알지 못하는 곳이 있으면 모름지기 널리 고찰하고 자세하게 연구해 그 글자의 어원을 알아야 한다. 그런 다음 그 글자가 사용된 문장을 이 책, 저 책에서 뽑는 작업을 날마다 해 나가야 한다. 이와 같이 한다면 한 종류의 책을 읽을 때에 아울러 백 가지의 책을 두루 보게 되며 읽고 있는 책의 의미를 환하게 꿰뚫을 수 있다."

-다산 정약용(1762~1836)

행동케 하라, 지금 바로!

"이제 계획은 세워졌다. 어떻게 해야 하는가? 과거는 역사 속으로 흘러가고 미래는 올지 안 올지 모른다. 활동하라. 현재, 지금 행하라."라는 말이 있다. 동작화란 실천하라는 것이다.

코카콜라 사장 더글라스 태프트는 말했다. "어제는 지나간 역사history고, 내일은 어찌 될지 모르는 비밀misterious이며, 오늘은 선물present입니다. 그렇기에 우리는 현재Present를 신이 준 선물Present이라고 부릅니다."

웨인 다이어는 《마음의 습관》이라는 책에서 "기억하라, 너는 네가 오늘 생각하는 바로 그것이 될 것이다."라고 했다.

꿈을 꾸고 생생하게, 그리고 간절하게 기도하고 진정으로 믿는다 해도 실천하지 않으면 의미가 없다. 자신의 인생을 영화로 만들어야 한다. 자신이 감독이 되고, 자신이 각본을 쓰고, 자신이 주인공이 되는 것이다. 아무리 각본이 되어 있어도 실제로 연기하지

않으면 아무것도 아니다. 실천은 불이 잠깐 활활 타오르는 식이
되어서는 의미가 없다.

"습관이 제2의 천성을 만든다. 그리고 반복이 천재를 만든다."

"반복과 습관이 천재를 만든다."

사무엘 존슨이 말한 대로 중간에 포기하지 않고 하루에 세 시간
을 걸을 수 있다면 7년이면 지구를 한 바퀴 돌 수 있다고 말했다.
그만큼 행동이 중요한 것이며, 반복하여 행동하는 버릇이 중요하
다고 하는 것이다.

시작을 하면 절반은 이룬 것

"시작이 반이다."라는 말은 무슨 일이든지 마음먹고 시작을 하면 그 일은 끝낼 수 있으므로 이미 반은 한 것과 같다는 뜻으로 쓰이는 말이다. 무슨 일이든지 시작하기가 어렵지 일단 시작하면 일을 끝마치기는 그리 어렵지 아니함을 비유적으로 이르는 말이다.

《거인의 힘 무한 능력》의 저자 앤서니 라빈스Anthony Robbins는 우리 삶을 우리가 꿈꾸는 탁월한 모습으로 변형시키는 마술적인 거인의 힘이 우리 안에서 잠자며 기다리고 있다고 주장하며, 이제 그 거인을 깨울 때라고 외친다.

그는 말한다. "마음과 신체의 독특한 작동 원리를 이해하지 못하면 열정의 불길을 당겨도 탁월함을 향해 자연스런 흐름을 타지 못한다. 몸과 마음을 새롭게 프로그래밍하여 성공하는 사람으로 변신하라." 그는 거인이 되는 성공 공식을 신경 언어 프로그래밍 NLP*과 함께 설명한다.

용기를 불어넣어 성공적인 행동을 하도록 뇌에 효과적인 신호를 보내는 데 초점을 맞추었다. 본인 자신도 인생의 낙오자로 젊은 시절을 보냈다. 우연한 기회에 최고가 되는 방법에 대해 의문을 갖고 성공을 위해 노력하기 시작한 것이 오늘날 최고의 성공학 대가로 명성을 얻고 억만장자가 된 것이다.

고대 그리스의 철학자인 플라톤은 "시작은 그 일의 가장 중요한 부분이다."라고 말하였으며, 또한 로마의 황제 아우렐리우스는 "거창한 일이라도 우선 시작해 보라. 손이 일에 착수했다는 것으로써 일의 반은 이룬 셈이다. 그러나 아직 반이 남아 있을 것이다. 한 번 더 착수해 보라. 그러면 일은 모두 마무리되는 셈이다."라고 하여 시작의 중요성과 역할을 거듭 말하고 있다.

아이들이 왜 공부를 해야 하는지를 먼저 생각한다면 주저하지 말고, 망설이지 말고 바로 지금 시작해야 한다. 지금 이 시간이 가장 중요한 우리의 기회이고 다시는 돌아오지 않는 추억이 될 것이

※ 신경 언어 프로그래밍(Neuro-Linguistic Programming) : 1970년대 중반에 미국 캘리포니아의 산타크루즈에서 정보 과학자인 리차드 밴들러(Richard Bandler)와 언어학 교수인 존 그린더(John Grinder)에 의해서 발달된 인간 성취와 변화를 위한 이론 및 기법 체계이다. NLP는 대인관계와 자신 내부의 관계, 그리고 변화의 분야에서 그 당시 세계 최정상급 대가인 사람들의 모델링을 시작으로 본래는 상담과 심리치료의 새로운 접근 방법으로 출발하였으나 최근에는 교육 및 인간관계, 건강, 경영과 세일즈, 협상 등의 여러 분야에서 폭넓게 적용되어 구미 선진국에서 각광을 받고 있다.

다. 목표를 갖고 내일로 미루지 말고 지금 이 순간부터 시작하는
것이 목표의 절반을 이룰 것이다. 나머지 반은 행동과학을 기반으
로 한 반복적인 공부 버릇이 완성시킬 것이다.

일찍 일어나는 아침형 인간

"일찍 일어나는 새가 벌레를 많이 잡는다. 또는 벌레를 많이 먹는다."라는 말은 당연한 이치일 수밖에 없다. 일찍 일어나서 먼저 움직이기 때문에 다른 새들보다 먼저 먹이를 발견하고, 더 많은 먹이를 먹을 수 있지 않겠는가!

송가네 공부법의 1.3 1.3 시스템에 의하면 남보다 1시간 일찍 일어나 영어와 수학 위주로 예습과 복습을 하도록 하고 있다. 하루의 출발이 남보다 1시간 빠른 것은 그만큼 마음에 여유를 가질 수 있고, 일찍 일어났다는 작은 성취로 자신감을 가질 수 있다.

아침형 인간이란 이른 아침에 하루의 일과를 시작하여 아침 시간을 활용함으로써 성공적인 삶을 영위할 수 있도록 노력하는 사람을 일컫는 말이다.

그러면 아침형 인간의 다섯 가지 장점은 무엇일까?

첫째, 아침에 일어나면 부지런히 일을 할 수 있다. 부지런하면 성공할 가능성이 높아진다는 건 자명한 이치다. 또 새벽에 신진대사 등이 잘되기 때문에 그 시간에 무언가를 하면 효과가 크다.

둘째, 무슨 일을 하든지 아침에는 효율성이 좋다. 아침에 가벼운 운동을 하면 신체에 무리가 없을 뿐 아니라 하루의 생활이 활기차진다. 아침에는 집중력과 창의력이 높아져 적은 시간으로도 큰 효과를 얻을 수 있기 때문에 어떤 것을 목표로 하여 성취하려는 계획을 가진 사람들은 주로 아침 출근 시간 전까지의 시간을 활용하는 것이 좋다.

셋째, 아침형 인간이 되면 학생들은 성적이 좋아진다. 두뇌를 가장 활발하게, 그리고 효과적으로 활용할 수 있는 시간은 아침 시간이다. 뇌의 활동이 활발한 아침형 학생이 학습 면이나 능률 면에서 앞서고 좋은 성적을 거둔다.

넷째, 하루를 활기차게 보낼 수 있다. 잠을 충분히 못 자면 몸 안에 여러 가지 노폐물이 쌓여 만성피로에 시달리게 된다. 그렇기 때문에 일찍 자고 일찍 일어나는 아침형 인간이 건강하고 활기찬 생활을 할 수 있는 것이다.

다섯째, 사람이 활동하는데 더 편하게 활동할 수 있다. 학교에 지각할 걱정이 없고 여유롭게 예습과 반복 학습을 할 수 있어, 여러 면에서 유리하다. 일찍 자고 일찍 일어나면 신체 건강에 좋은 성장호르몬이 많이 분비되어 건강해진다.

아침에 공부하는 버릇을 꾸준히 반복하게 되면 집중과 몰입이 2배가 되며, 뇌파의 주파수가 알파파 미드 상태10~12Hz로 된다. 즉 직감과 번뜩이는 문제 해결이 잘될 뿐 아니라 의식 집중이 이루어지는 아침형 인간으로 바뀌어 공부하는 버릇을 지배할 수 있다. 아침 시간은 가장 몰입이 잘되는 시간대이다. 몰입 이론의 창시자라 할 수 있는 미하이 칙센트미하이Mihaly Csikszentmihalyi[*]는 몰입을 '플로우flow'라고 명명했다. 삶이 고조되는 순간 자연스럽게 행동이 나오는 상태에서 몰입이 이루어진다는 것이다. 몰입은 느끼고 바라고 생각하는 것이 하나로 어우러지는 것이다.

시간이 여유로운 상태에서 과제의 난이도가 올라가면 문제 해결의 자신감을 갖게 된다. 자신감은 실력을 월등히 향상시켜 집중도를 올리는 데 중요한 역할을 한다. 집중하는 뇌는 비상사태를 선포하여 문제 해결과 결과 피드백이 빨라지게 한다.

※ 마하이 칙센트미하이(1934년 이탈리아 에이드리에틱의 피우메 출생) : 미국의 심리학자로서 '긍정심리학' 분야의 대표적인 연구자. 창의성과 관련된 몰입(flow)의 개념은 많은 분야에서 인용되고 있으며, 현재 미국의 '삶의 질 연구소' 소장으로 근무. 주요 저서 《몰입의 기술 Beyond Boredom and Anxiety》

아침을 지배할 줄 아는 사람은 하루를 지배할 수 있고, 하루를 지배하는 사람은 자신의 인생을 다스리고 경영할 수 있다.

오늘날의 인류가 급격하게 야행성 생활에 젖어들고 있다. 수세기 동안 인간은 해가 뜨면 일어나고 해가 지면 잠드는 생활의 습관에 젖어 생활하고 있다. 인간은 생각이 바뀌면 행동이 바뀌고, 행동이 바뀌면 습관이 바뀌며 결과가 달라진다는 행동과학에서처럼, 사람의 뇌는 습관화가 되면 아주 적은 활동으로 효과를 보듯이 지금 '아침형 인간'으로 변화한다는 것은 자신의 생활과 인생을 변화시키는 것이다.

그동안의 잘못된 습관을 버리고 행동을 변화시켜 좋은 아침형 인간을 만드는 것을 곧 실천에 옮겨야 한다. 아침형 인간이 상황을 미리 내다보고 신체적 행동을 취하는 경향이 강해 사회에서 성공할 가능성이 높다고 한다.

현대그룹의 명예회장이었던 고故 정주영과 마이크로소프트사의 회장 빌 게이츠는 새벽 3시에 기상하는 것으로 알려져 있고, 유명한 세계적인 디자이너 고故 앙드레김 역시 새벽 5시에 기상해 신문과 여러 개의 TV로 세계의 아침 뉴스를 보았다. 제너럴일렉트릭사의 회장이었던 잭 웰치는 오전 7시 30분부터 업무를 시작하는 것으로 알려져 있다. 대표적인 아침형 인간의 사례라고 할 수 있다.

계획대로 실천하는 버릇을 갖게 하라

　세운 계획을 동작화하는 순서는 어떤가? 먼저 단기 목표가 성취될 날짜와 목표 달성에 필요한 세부적인 계획을 확인하는 것이다. 과제의 마감 시간을 정하는 것은 목표를 향해 전진하는 데 도움이 된다. 일반적으로 단기 목표를 달성하면 과제를 완성할 수 있을 것이라는 확신을 갖는다. 따라서 목표 달성을 위한 실천 계획은 몇 개의 단기 목표로 나누고, 단기 목표를 완성함으로써 최종적으로 장기 목표를 달성하도록 한다.

　각 목표 설정의 단계를 실천하면서 실행 여부를 점검한다. 수학 공부를 하는데 소요되는 시간을 잘못 계산해 계획대로 못했다면, 목표 달성에 필요한 시간을 변경하고 계획을 바꾸어야 한다. 계획만 세우고 실천하기 어려운 계획표보다는 자신이 실천할 수 있는 계획표를 만드는 것이 중요하다.

　따라서 처음 계획하고 생각했던 것보다 시간이 더 소요되거나 필요한 사항들이 발견되었을 때는 실천할 수 있는 계획으로 수정하는 것이 바람직하다. 계획표에 자신을 맞추는 것이 아니라 계획표를 자신에게 맞추는 것이다.

어떠한 결과든 뚜렷한 목표를 가지고 구체적 실행 방안을 가지고 꾸준히 노력해야 한다. 무엇이 더 중요하다고 말할 수는 없겠지만 실천이 있어야 결과가 있다. 어떠한 결과가 있기 위해서는 행동이 있어야 그 결과도 있는 것이다.

어떠한 계획이든 그 결과가 나오기까지 가장 괴로운 과정은 꾸준히 실천을 하고 있는 기간일 것이다. 잘 안 되면, 실현 가능하게 수정하면서 밀고 나가면 된다.

부모님의 관찰과 관심, 목표에 대한 확신을 계속 상기시키는 방식과 자신이 소속감을 느끼고 있는 곳에서 인정받고자 하는 의지가 목표를 달성하는 지름길이라고 생각한다.

제시하고자 하는 방법으로는 맵Map 작성과 다이어그램 작성이다. 이는 사고의 영역에 있는 목표를 글자로 표현하는 것보다 시각적으로 더욱 현실적 인식을 갖게 함으로써 근본적 목표와 과정 등을 일목요연하게 만들 수 있기 때문이다. 그리고 계획을 수정할 경우에도 본질에 대한 질문을 계속함으로써 복잡한 문제를 아래와 같이 체크리스트를 만들거나 또는 다이어그램을 만들어 볼 수 있을 것이다.

성적 향상을 명제로 놓고 8가지의 관련 사안이 나왔다. 다시 8

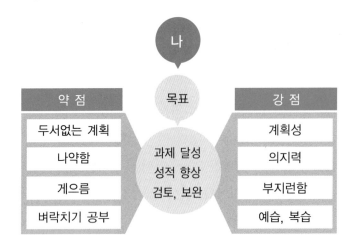

가지의 사안에서 관련된 것을 찾아 들어간다면 점점 자신이 성적 향상을 위하여 어떠한 것이 강점이고 어떠한 것이 약점인가를 알게 될 것이다.

그 내용을 다시 다이어그램 형식을 빌려 만들어 본다면 어떻게 무엇을 실천해 나가야 할 것인지가 보이기 시작할 것이다. 실천해 나가야 할 목표가 구체화되었으면 이를 꾸준히 실천해 나가는 것이 어렵지 않게 된다. 너무 먼 미래의 막연한 목표는 실천 의지를 약화시킬 수 있다.

현재보다 더 나은 향상을 위해 다음 시험 성적의 향상, 학기 말의 목표 성적, 학년 말의 목표 성적, 더 지난다면 자신이 진학하고자 하는 대학까지, 우선은 여기까지만 목표를 구체화시킨다면 그 다음은 자신이 무엇을 원하든 이루어나갈 방법을 알고 있기 때문에 조급하거나 자신의 미래를 의심하지 않을 것이다.

그리고 우선적 목표가 구체화되었다면 목표까지 나가는 데 필요 없는 것들도 만들어서 그것들을 개선하는 방법도 실행해야 한다.

똑같은 방식으로 목표를 이루기 위해 개선할 점을 다이어그램으로 만들어 바꾼다면 목표를 성취하는 데 더 큰 도움이 될 것이다.

작은 실천이 큰 목표를 향하는 실마리가 되듯이 지금 눈앞의 일부터 조금씩 실천해 나갈 수 있는 방법을 찾아야 한다. 그래서 그것을 온전히 자신의 것으로 만드는 것이야말로 가장 확실한 자기 실천법일 것이다.

▪ 왜 공부를 잘하고 싶은가?	성적을 올리고 싶어서이다.
▪ 왜 성적을 올리고 싶은가?	내가 가고 싶은 대학을 가고 싶어서이다.
▪ 왜 그 대학에 가야 하는가?	내가 원하는 목표를 이루기 위한 기회를 더 많이 제공받을 수 있다.
▪ 대학 다음의 목표는 무엇인가?	돈을 많이 벌고 싶다.
▪ 왜 돈을 많이 벌고 싶은가	삶의 질을 향상시킬 수 있다.

비슷한 예를 한 가지 더 들어본다면, 이러한 방법으로 접근해 보는 방법이 있다.

'어떻게 하면 공부를 잘할 수 있을까?'라는 목표에 대한 해결책을 구한다고 가정해 보았다.

이것은 개인마다 다르게 표현되기 때문에 점점 자신이 무엇을 원하는지 구체화되면서 자신의 실천 방안이 자연스럽게 형성되기 시작한다.

그래프로 만들어 사용하는 것도 자신이 지금 어떻게 실천을 해나가고 있는지 알 수 있는 자료가 될 수 있다.

그래프는 자녀와 자유롭게 만들어서 스트레스 지도 방안 시간에 서로 이야기를 나누면서 성적을 올리는 실천 방안의 계획을 세우는 것이 중요하다.

또 다른 한 가지 시각화시킨 실천 방안이 있다.

비슷하지만 이 특성 요인도는 결과를 놓고 대입해 볼 때 역으로 무엇이 잘되었는지, 무엇이 잘못되었는가를 추산해 볼 수 있으며, 어떠한 원인이 결과를 만들었는지 분석을 하기에도 시각적으로 편한 방법으로 나타난다.

예를 들어보면 다음과 같다.

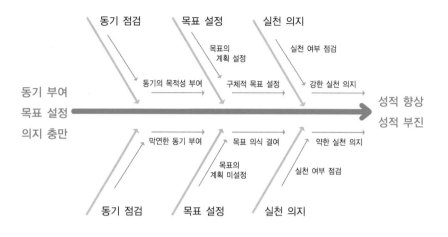

〈특성 요인에 따른 능력 향상 도표〉

큰 세 가지의 방향 안에서 성적 향상 부진 원인을 알아보게 하는 표를 만들었다. 아무래도 글로 설명하는 것보다는 시각적으로 명료하게 나타나 있기에 어떤 방향을 개선하여야 할지는 자신이 스스로 판단할 수 있다.

자녀에게 이러한 방법을 제시하고 자녀의 동의를 얻어 계속적인 노력을 같이 해보면 소속감의 증대로 인한 상승 작용, 가시적 단계별 목표 설정으로 인한 상승 작용 등으로 당장의 목표를 이루고, 조금씩 그 폭을 확대해 나가는 데 도움이 될 것이다.

공부할 때는
자기 자신과의 약속을 지키게 하라

공부를 하는 방법에 있어서 자신이 싫어하는 과목을 먼저 하는 것이 바람직하다. 처음에 버릇을 들일 때야 좋아하는 공부를 위주로 하는 것이 옳겠지만, 어느 정도 버릇이 굳어지면 메뉴를 바꾸어야 한다. 싫어하는 과목을 먼저 하는 것이다. 이렇게 하면 시간이 지나 지루해지거나 힘들어질 때 좋아하는 과목을 공부할 수 있다.

그런데 전제 조건이 있다. 반드시 계획한 대로의 공부량을 지켜야 한다는 것이다. 그렇지 않으면 효과가 미미하다. 목표를 정하고 이를 이루어 나가기 위해 노력하는 과정에서 자신의 최종 목표와 단계별 목표를 정하는 것은 매우 중요하다.

단계별 목표는 처음에는 가능한 한 높지 않게 잡아 성취의 기쁨을 가져야 한다. 한 송이 국화꽃이 단숨에 활짝 피는 것이 아니다. 봄부터 소쩍새가 울고 천둥과 비바람이 치는 과정을 거쳐야 한다.

매일매일의 목표를 세분화된 계획을 세워서 실천하고 피드백을 통해 반성하고 다음 목표를 향해서 정진하는 것이다.

> **계획을 세우고 행동으로 옮기는 데 반드시 지켜야 할 4가지 전제**
> 1. 기초는 반복해서 완벽히 자신의 것으로 만든다.
> 2. 잘되지 않으면 다시 기초를 복습한다.
> 3. 그래도 잘 안 되면 앞에서 배운 내용을 다시 확인한다.
> 4. 자신이 한번 정한 목표 기한은 절대 바꾸지 않고 철저히 지킨다.

이렇게 실천함으로써 작은 목표가 달성되면 스스로 공부가 재미있게 되고 자발적으로 공부하려는 생각을 갖게 된다.

행동과학에 기초한 자기 관리 기법으로 금연이나 다이어트를 비유해 보겠다.

요즘 몸짱 열풍이 한창이다. 그런데 혼자 하는 운동법이나 100일 완성 몸짱 되기 같은 운동법이 많이 나와 있는데, 실제로 몸짱이 된 사람은 그리 흔하지 않다. 보통 새해에는 많은 애연가들이 금연을 다짐하지만 대부분 얼마 못 가서 실패하고 만다. 이유는 무엇인가. 자기 자신에 엄격하지 못해 자신과의 약속을 지키지 않았기 때문이다.

못하는 것이 아니라 안 해서 못하는 것이다. 계획만 세워 놓고 실천하지 못하는 것을 말한다.

누군가의 광고를 보고, 아니면 어떤 외부 자극에 의해서 이건 처음에는 해야 할 경우에 세운 계획을 잘 실천하지 못한다면 자신에게 자신의 행동을 책임지는 계약서를 스스로 만들어 자신의 행동을 통제하는 방법을 사용하는 것도 좋은 방법이다.

몇 가지 방법을 사용해 보았다. 예를 들어 책상 앞에 "나는 반드시 실천한다."라는 등 격문을 써 붙여 두고 자신을 깨어 있게 노력해야 한다.

여름방학 때도 여름방학 공부 계획을 멋지게 세워 놓고 방학을 맞이했지만 역시나 작심삼일…… 나중에 계획 대비 공부량을 보니 10분의 1밖에 되지 않았다. 왜 그럴까?

첫째 이유가 자신에게 엄격하지 않았기 때문이다.

나는 이 고질적인 약속 파기의 병을 고치려 무던히 안간힘을 썼다. 이 고질적인 병은 1976년 겨울방학 때 완전히 고쳐졌다. 당시 나는 행정고시 준비를 하기 위해 구례 화엄사 금정암에서 100일을 보냈다. 일요일을 뺀 하루 공부량을 몇 페이지씩 정하고 행정학, 행정법, 헌법, 경제학, 노동법, 회계학 책에 견출지로 날짜를 표시하며 공부했다. 매일 할당된 공부의 양을 일목요연하게 표시한 것이다. 꾸준히 지속적으로 해나갔다.

그러던 중 깊은 산사에서 독감이 걸리고 말았다. 너무 머리가 무겁고 기침과 가래가 심했다. 목표량만큼 공부를 할 수가 없었다. 그러나 또 나 자신과의 약속에 부도수표를 남발할 수 없었다. 일어날 힘이 없어도 한쪽으로 누워서 책을 읽고 또 힘들면 다른 한쪽으로 몸을 뉘어 책을 읽었다. 힘들고 힘들었지만 주문을 외웠다.

"나는 할 수 있다. 해야 한다."

결국 독감 중에 목표량을 달성하였다. 이 고비를 지난 후 나하고의 약속을 지키는 것이 힘들지 않게 되었다.

학교 수업에 올인하라!

학교 수업을 적당히 하면서 공부를 잘한다는 것은 언어도단이 며 말이 되지 않는 이야기다. 학교 수업 시간에 가능한 앞줄에 앉 아서 선생님의 얼굴을 뚫어지게 쳐다보라. 이 말은 수업 시간에 학생은 교사의 가르침을 하나도 놓치지 않도록 정신 똑바로 차려 서 집중을 하라는 뜻이다. 또한, 학교에서 앞자리에 앉게 되면 선 생님의 관심 구역이기 때문에 공부에 집중할 수밖에 없으며, 다른 불필요한 행동을 할 수 없다. 그리고 선생님이 강조하는 핵심 내 용을 체크할 수 있게 된다. 그리고 학교 수업 시간에 선생님이 중 요하다고 체크하면서 설명한 내용은 곧바로 시험문제로 출제되 기 때문에 학교 수업과 선생님의 말씀에 집중하게 되면 성적이 좋 게 나오는 이유가 바로 그것이다.

공부를 잘하고 성적이 우수한 학생의 경우에는 수업 시간에 수 업에 방해가 되는 행동을 하지 않는다. 오직 수업에만 전념하며,

선생님의 말씀에 모든 감각을 집중시킨다. 반면 공부를 못하고 성적이 좋지 않은 학생들은 수업 시간에 정신을 집중하지 않고 있다는 것이다. 이러한 학생들은 공부를 한다고 하더라도 당연히 재미가 없을 수밖에 없는 것이다. 아는 것이 있어야 복습을 하든지, 과목의 내용이 어떠한 것인지 알아야 연결이 되어 예습을 하든지 할 것 아닌가?

공부를 하려면 기초가 있어야 한다. 이 기초는 수업 시간에 쌓인다. 학교 수업을 통해서 원리를 터득하게 되며 공부를 하면서 이 원리를 응용하는 단계까지 이르게 되는 것이다.

대학 입시가 끝나 전국 수석을 한 학생들의 인터뷰나 신문 기사를 보면 교과서 위주로 공부를 했고, 복습과 예습만 충실히 했다는 말들을 한다. 오히려 진정한 상위권에 있는 학생들의 경우 과외를 받고 학원을 다닌 것보다는 교과서 위주로 꾸준하게 공부했던 경우가 많았던 것이 사실이다.

수업 시간에 집중하지 않은 학생의 형태는?

수업 시간에 집중하지 않는 학생들의 공부하는 습성은 교과서의 중요한 내용에 표시가 되어 있지 않고, 낙서가 되어 있어 교과서 일부분이 훼손되어 있으며, 책 이외의 불필요한 물건들을 책가방에 가지고 다닌다.

송가네 공부법으로 성적이 우수한 학생이 되는 것은 어떻게 보면 그 답이 매우 단순하고 쉽다. 왜냐하면, 학교 수업 하나에만 충실하게 집중했다는 것이 답이기 때문이다.

"문제의 답은 항상 문제 속에 있다."라는 말이 있듯이 상위 1%의 우수 학생이 되려면 가장 기본인 학교 수업에 최선을 다하는 것부터 시작해야 한다는 의미로도 말할 수 있다.

학교 수업에 집중하는 학생은 현재 하는 학교 공부가 나의 미래와 어떤 관련을 가지고 있는지를 인식하고 있거나, 그 과목 자체에 대한 흥미를 가지기 때문에 스스로 공부를 더 많이 하게 되고, 목표를 더 쉽게 달성하게 될 것이다.

필자도 공부에 대한 자아 혁명을 하기 전인 중학교 3학년까지 학교 수업은 학교 수업이고 나는 따로 열심히 공부하려고만 했다. 그런데 그것이 시간 낭비이고 비효율적인 것이었다. 중간 정도의 성적에서 전교 수석이 되기까지 자아 공부 혁명을 일으켰을 때 초기에 제일 먼저 한 일이 수업에 올인하는 것이었다. 수업이 시작되기 전 나의 혼과 정신을 모두 선생님께 집중하게 해달라고 기도하고, 선생님을 정조준하며 그의 눈짓과 숨결까지 느끼며 가르침을 흡수했다.

내 아이를 칭찬하고 격려하라

　발명왕 에디슨은 초등학교 1학년에 입학한 지 석 달 만에 퇴학 당했다. 학교에서 퇴학당하여 기차에서 신문팔이를 하게 된다. 더구나 교사에게 따귀를 잘못 맞아 평생 청각장애자가 되었다.

　그뿐이 아니다. 네 살이 되도록 말을 못한 아이가 있었다. 게다가 이 아이는 열 살이 되도록 말을 더듬거렸다. 부모는 지능이 떨어지고 발육이 부진한 지진아 내지 저능아라고 체념했다. 선생님들이나 부모님이나 이 아이의 장래성은 없다고 확정 판단했다.

　고등학교 1학년 때 신상 기록에 "이 아이에게서는 어떤 지적 열매도 기대할 수 없다. 학교를 계속 다니면 다른 학생에게 방해가된다."라고 적혀 있다. 그러다 보니 똑똑한 다른 아이들에 치여 거의 관심을 받지 못했다. 나중에도 고교 졸업장조차 얻지 못해 가까스로 응시한 대학에서 낙방하고 말았다.

　이 소년은 정말 쓸모가 없는 아이일까? 주위에 혹시 이런 친구가 있다면 어떻게 해야 하나?

그러나 실망하지 말자. 이 아이는 나중에 천재 과학자 아인슈타인이 된다.

왜 이런 이야기를 꺼내느냐면 '내 자식'이라고 해서 결코 '나'를 복제한 게 아니고, 하물며 능력이나 지능, 성격까지 비슷하다고 오해하면 안 된다는 것이다. 자식이든, 형제든 인간은 누구나 서로 다른 능력, 지능, 성격을 갖고 태어난다.

우리는 자녀에 대한 꿈을 포기해서는 안 된다. 부모가 먼저 꿈을 포기해서는 안 된다. 왜냐하면, 우리 자녀들은 만물의 영장인 인간이고, 이 아이들의 머릿속에는 성능 좋은 슈퍼컴퓨터 1,000억 대가 들어 있으니까. 그걸 제대로 쓰질 못해서 그렇지 만일 사용법을 익히고 나면 무슨 일이든 할 수 있다. 그러니 자녀의 꿈을 제한하거나 억누르지 말자.

유명한 스포츠용품 제조업체인 나이키의 창업자 빌 바우어만Bill Bowerman은 인간이면 누구나 다 선수가 될 수 있다고 믿는 육상 코치였다. 뛰는 방법을 모를 뿐 그걸 알기만 하면 평범한 사람이라도 다 선수가 될 수 있다는 말이다. 그래서 그는 자신이 데리고 있던 오리건주립대학교 육상팀을 이끌고 실제 시범을 보였다. 그가 가르친 선수들은 대학 경기에서만 이긴 게 아니다. 그리고 미국에서만 이긴 게 아니라 마침내 올림픽에서 세계 신기록을 깼다. 그는 단지 달리는 법을 가르쳤을 뿐인데 세계 신기록이 난 것이다.

달리는 법 말고도 그는 서로 다른 발에 맞는 운동화를 만들고 싶어 했고, 그래서 나이키사社를 만들었다. 좋은 운동화만 신어도 기록이 훨씬 더 단축된다는 걸 알았기 때문이다.

그렇다. 우리 아이들에게 맞는 달리는 법, 그리고 맞는 운동화를 신겨야 한다. 공부에도 그런 게 있다.

전 세계 나이키 사무실에는 창업자 빌 바우어먼의 말이 걸려 있다.

"당신에게 몸이 있다면 당신은 이미 운동선수다."

또 남녀의 능력에 차이가 있다고 말하는 분들이 있는데 그건 편견이다. 우리가 알고 있는 남녀 차이는 진화의 결론일 뿐 불변의 법칙이 아니다 .

남자는 10명 중 7명이 지리 감각이 뛰어나고, 여자는 10명 중 7명이 지리 감각이 약하다. 하지만 남자 중 3명은 여자처럼 지리 감각이 떨어지고, 여자 중 3명은 남자처럼 지리 감각이 뛰어나다. 남성은 수렵 채집 시절 사냥을 하면서 지리 감각이 필요했고, 여성은 집안 활동으로 지리 감각이 중요하지 않았을 뿐이다. 즉 계발하면 생기고, 안 쓰면 퇴화될 뿐이지 원래 그렇게 정해져 있는 건 아니다.

학습 지도에서 가장 중요한 것은 두뇌 신경세포, 즉 뉴런을 활성화시키는 것이다. 뉴런은 쓰는 만큼 좋아진다. 그래서 낯선 것,

두려운 것에 도전해야 한다. 육지에서 살던 고래는 살아남기 위해 바다로 들어갔고, 선인장은 사막에서 살아남기 위해 몸을 가시로 만들어 버렸다. 고래가 바다로 들어갈 때 육지에 남은 대형 동물들은 다 죽었다. 주변 땅이 사막으로 변할 때 고집을 부리고 변화하지 않은 식물들은 다 말라죽었다.

변화를 두려워하는 종은 자연 상태에서 도태된다. 아메리카 인디언들은 1492년 콜럼버스가 나타날 때까지 짐승을 잡아먹으며 원시적으로, 나름대로 재미나고 행복하고 편안하게 살았다. 하지만 옆 대륙에 살던 사람들이 들이닥치자 무려 수천만 명이 차례로 죽고, 그들의 제국은 사라지고 말았다. 지금 살아남은 인디언들은 생활 보호대상자로 겨우 살아가고 있다. 이들이 왜 죽었을까? 1차 원인은 콜럼버스 일행이 보균하고 있던 병균 때문이었다. 생전 처음 걸려본 질병에 전멸당하다시피 한 것이다.

행여 자녀나 다른 이의 꿈을 꺾지 말아야 한다. 누가 송충이는 솔잎을 먹어야 한다면서 분수를 지키라고 지적하거든 왕후장상의 씨가 따로 있느냐며 따져라. 꿈을 생생하게 상상하고 간절히 바라자. 꿈이 생겼다면 진실로 믿고 열정적으로 실천하자. 망설이지 말고 지금 즉시 행동하자. 그러면 그것이 무슨 꿈이든 반드시 이루어진다.

칭찬은 고래도 춤추게 한다는 말이 잊지 않은가? 사람들은 칭찬과 격려를 받으면 비로소 자기 자신을 믿는 경향이 있다. 상도 그 래서 주는 것이다.

그것도 현장에서 즉시 칭찬하고, 즉시 상을 줘야 한다.

개를 훈련시킬 때 잘못을 지적하는 것도 즉시 해야 하고, 상을 주는 것도 즉시 해야 교정되는 것을 볼 수 있다. 잘하든 못하든 60 초가 지나면 다른 생각으로 넘어가기 때문에 그러기 전에 칭찬이 나 벌을 주는 것이다. 그래야 습관이 교정된다.

사람도 마찬가지다. 그 시간은 60초다. 60초 이내에 칭찬하고, 60초 이내에 지적해야 한다. 60초가 지난 칭찬은 그래도 효과가 있지만 지적의 경우는 효과가 적다. 이렇게 60초 이내에 칭찬을 하면 사람은 같은 행동을 반복하게 돼 있고, 또 60초 이내에 지적 받으면 그 행동을 중지한다.

따라서 칭찬에 인색하지 말고 작은 칭찬 거리라도 찾아 그때그 때 격려하는 습관을 들이는 것이 좋다. 교육자라면, 리더라면 마 땅히 그래야 한다.

인간은 사회적 동물로 수만 년을 진화해왔기 때문에 집단의 칭 찬과 격려에 반응하는 것이 유전자에 깊이 새겨져 있는 듯하다.

이처럼 사람들이 자신을 믿어준다면, 그리고 자기 자신을 믿을 수 있다면 숨겨진 능력을 충분히 발휘할 수 있다. 자녀의 능력을 가장 믿어야 할 사람은 바로 부모다. 무조건 믿으면 실제 그렇게 된다.

그래서 자녀들을 자주 칭찬하고, 격려해줘야 한다. 선생님들 역시 그렇게 해주면서 상도 푸짐하게 주는 게 좋다. 한 반에 상을 열 개 정도 주는 게 보통이라면 까짓거 백 개쯤 주자. 상 받을 만한 학생에게 상 주는 일은 쉽다. 그러지 말고 외상으로 많이 주자. 빌려준다 생각하고 마구 주자.

상 받을 자격은 상을 받은 다음에 저절로 생겨날 테니 꼭 믿어보자. 헤픈 인상을 주지 않으면서 잘만 활용하면, 학생들이 가진 내면의 능력을 끌어내는 훌륭한 도구가 될 것이다.

태초에 행동이 있었다

공부 잘하는 법을 정리하려면 먼저 태초로 가보아야 한다.
태초에 무엇이 있었을까 《나와 너Ich und du》를 쓴 작가 마
틴 부버Martin Buber는 태초에 만남이 있었다고 했다.
알베르 카뮈Albert Camus는 태초에 권태가 있었다고 했다.
이에 대해 《성경》요한복음 1 : 1은 "태초에 말씀이 계시니
라."라고 했다.
맞다. 태초에 창조라는 행동이 있었다. 그래서 《인간조
건》, 《정복자》의 작가 앙드레 말로Andre Georges Malraux는
"태초에 행동이 있었다."라고 말하지 않았던가.
행동해야 한다. 그래야 역사가 펼쳐진다. 기독교의 하나님
도 다음과 같이 여러 개의 이름을 가지고 있다.

엘로힘 위대하고 전능하며 두려운 하나님

엘샤다이 전지전능한 하나님

엘로이 감찰하시는 하나님

아도나이 하나님의 주되심

여호와 스스로 있는 자, 지존하신 하나님

여호와 라파 치료자

여호와 닛시 여호와는 나의 깃발

이중에 '하야hayah'라는 이름이 추가된다. 이 하나님의 이름은 명사가 아니라 놀랍게도 동사로서 있다be, 되다become, 일어나다happen 등의 뜻이 있는데 크게 보아 역사役事하다, 행하다do라는 뜻으로 볼 수 있다고 한다.

하나님도 가만히 보좌에 앉아 내려다보면서 판단과 심판을 하는 하나님만이 아니라 살아서 역사하는 행동하는 하나님인 것이다. 그래서 《성경》 창세기 1 : 1에 "태초에 하나님이 천지를 창조하시니라."라는 말에서 창조하시는 행동을 한 것이다. 이렇게 '행동'이라는 삶의 본질적 조건에서부터 출발하고자 한다.

버릇화

기적의 송가네 공부법

학문하는 방법은 다른 게 없다. 모르는 게 있으면 길 가는 사람을 붙들고
라도 물어야 한다. 하인이라 할지라도 나보다 한 글자를 더 안다면 그에게
배워야 한다. 자기가 남보다 못한 것은 부끄러워하면서도 자기보다 나은
사람에게 묻지 않는다면 평생 고루하고 무식한 데서 벗어나지 못할 것이
다.

-연암 박지원 (1737~1805)

버릇들이기 100일 작전

꿈이 있으면 생각이 바뀌고, 생각이 바뀌면 행동이 바뀌고, 행동이 바뀌면 버릇이 바뀌고, 버릇이 바뀌면 운명이 바뀐다. 이렇게 반복된 지속적 행동으로 공부하는 버릇을 들이는 것이 송가네 공부법의 요체라 할 수 있다.

"버릇의 쇠사슬은 거의 느낄 수 없게 가늘지만 깨달았을 때는 이미 끊을 수 없을 정도로 강하다."라는 말이 있다. 행동과학에서 말하는 반복 행동, 즉 버릇이 얼마나 강하고 무서운지 잘 표현한 말이다.

우선 일정한 패턴이 반복되어 습관이 생기는 데 걸리는 시간을 N.L.P 학자들은 보통 21일 정도의 시간이 지나면 형성되기 시작한다고 주장하고 있으며, 영국 심리학자들의 연구로는 66일 정도면 습관이 완성된다고 한다.

우리 송가네 공부법에서는 사람마다 약간의 차이는 있지만 보통 100번을 반복하면 누구나 버릇이 완성될 것으로 확신한다. 이 것을 우리는 100일 전략이라고 하며, 100일 동안 자녀와 함께 반복된 행동을 하면 습관이 완성될 것이고 공부 버릇이 몸에 배일 것이라고 확신한다. 이는 생각이 바뀌면 행동이 바뀌고, 행동이 바뀌면 습관이 바뀌며, 습관이 바뀌면 결과가 달라진다는 행동과학에 기반을 둔 방법으로 습관화된 송가네 공부법이 실천하고자 하는 방법이다.

행동과학 공부법은 사람의 행동을 분석해 입증된, 경험에 의한 방법이 아니라 누구든지 방법을 알려주고 꾸준히 할 수 있게 해주는 계량화된 방법이다.

자녀들이 스스로 하고자 하는 마음을 끌어내 공부하는 버릇을 길러주고, 결과적으로는 성적을 쑥쑥 올려 줄 것이다. 이를 실천하는데 특별한 지식이나 기술은 필요하지 않지만, 송가네 100일 전략을 부모가 자녀와 함께 실천한다면 100일 후에는 자발적으로 공부에 재미를 붙여 상위 1%의 우수한 학생으로 변모할 것이다.

100에는 의미가 있다. 단군신화에 곰이 100일 동안 마늘만 먹고 견디다 사람이 되었다는 이야기도 있고 백일기도라는 말도 있다.

버릇 습習은 위에 깃 우羽가 두 개 있다. 새가 부화하며 양 날개 깃털이 나와 백 번 나르는 연습을 해야 날아갈 수 있다는 말이다.

아래 흰 백白자가 있다. 일 백百에서 한 획을 생략한 것이다.

> "나는 우수한 머리를 가진 사람이 아니다. 보통 학생이
> 었다. 다만, 조금 구별되는 점이 있다면 공부하는 버릇이
> 몸에 저절로 배어 있다는 점이다."
> - 송하성, 《내 아이도 꿈을 이룰 수 있다》 중에서

고등학교 1학년 때 하루 시간표는 이랬다. 일어나 새벽기도를
한 후 바로 수학을 예습하고 남은 시간에 영어를 예습했다. 아침
먹고 학교에 걸어서 가는 30분 동안 성문종합영어 단어장과 책을
3~4페이지씩 뜯어 가지고 다니며 외웠다. 집에 와서는 영어와 수
학, 국어를 중심으로 복습을 하고 저녁 식사 후에 노곤할 때 국사
공부를 하였다. 저녁은 미진한 복습과 수학을 제외한 과목을 예습
했다. 버릇이 들여지니 몸이 기계처럼 자동적으로 움직였다. 여
기에 재미까지 붙었다.

"머리 좋은 사람이 노력하는 사람을 이기지 못하고, 노력하는
사람은 즐기면서 하는 사람을 이기지 못한다."라는 말이 있다. 공
부가 재미있어서 순풍에 돛단 듯 나의 공부 배는 빠른 속도록 항
진했다.

자녀와 함께 공부 환경을

공부를 잘하게 하기 위한 방법도 많고 여러 가지 조건도 참 많이 있다. 가정 형편에 따라 공부하는 환경에 대한 차이가 많을 수 있다. 공부 환경 중에 가장 좋은 방법은 본인이 공부하는 환경을 스스로 갖추고 만들고 유지하는 것이다.

우리 자녀가 공부할 수 있는 환경을 스스로 만든다면 제일 좋겠지만 모두가 그렇게 될 수는 없다. 스스로 잘하는 아이들에게는 더 잘할 수 있게 해주고, 스스로 잘하지 못하고 아예 할 마음조차 없는 아이들에게는 공부할 수 있는 환경을 만들어 주어야 한다.

그것을 같이 해줄 수 있는 사람은 부모밖에 없다. 자녀의 공부 행동을 관찰하고 관심을 가져서 아이에게 맞게끔 공부할 수 있는 환경을 만들어 주어야 한다.

아이들의 행동을 관찰하고 분석한 결과를 보게 되면 대체로 주위가 산만한 아이들이 집중력이 떨어지고 공부하는 것을 싫어한다. 주위가 산만한 아이들은 시선이 흐트러져 있어 한 가지에 몰두하지 못하는 습성과 버릇이 있다.

이런 아이들에게는 보이는 것, 들리는 것의 모든 환경적인 것들이 호기심 거리이기 때문에 불필요한 환경적인 요인만 없애주면 공부에 관심을 갖게 된다.

자녀의 공부 환경을 만들어 주는 것은 의외로 간단하다. 집중할 수 있게 환경을 만들어 주고 불필요한 요소들을 제거해 주는 것이다. 그리고 공부할 수 있는 공부 환경을 만들어 주는 것은 자녀들이 편안한 마음과 행동으로써 공부할 수 있도록 부모가 협조를 해주는 것이다. 예컨대 가정의 불화로 인해 소란스럽고 하루하루가 시끄럽고 부모가 큰 소리로 싸우는 날이 많다면 편안한 마음으로 자녀가 공부할 수 있을까? 또한, 부모가 바쁘다는 이유로 자녀 혼자 지내는 일이 많다면 스스로 공부하는 환경을 만들 수가 있을까?

가정환경이 좋다고 해서 공부를 잘한다고 할 수도 없는 것이며, 가정환경이 나쁘다고 해서 공부를 못한다고 할 수는 없을 것이다. 가정환경이 좋다는 것은 부유하다는 것과는 궤도를 달리한다. 하지만 확실한 것은 가정환경이 좋다면 그만큼 공부할 수 있는 환경이 더 많이 조성된다는 것이다. 그러면 공부를 하려는 자세가 달라질 것이며, 공부하고 싶은 의욕이 더 많아질 것이다. 즉 공부하려는 마음가짐에서 행동이 바뀐다는 것이다. 공부는 환경에 민감하게 영향을 받기 때문에 자녀들이 편안하게 공부에 집중, 몰입할 수 있도록 해주어야 한다는 뜻이다.

또한, 내 자녀가 어떠한 고민을 가지고 있는지, 공부하기 위해 어떠한 것이 필요한지, 어떠한 환경을 만들어 주어야 하는지, 부모의 사랑과 관심에 의해 자녀들의 공부 환경이 만들어진다는 것을 망각해서는 안 된다.

자녀의 공부를 위한 외부 환경과 내부의 환경은 자녀의 내면을 부모가 잘 고찰하여 선도해 주고 멘토가 되어야 한다.

첫째, 자녀에게 나타난 행동은 부모에게서 비롯된 것이다. 자녀가 부모의 기대와 반대되는 행동을 할 때 '욱'하는 마음으로 꾸짖지 말고 일정한 잣대를 가지고 평가해 주어야 한다.

둘째, 부모와 자녀의 느낌과 감정은 상호작용이다. 부모가 자녀에게 배려하는 언어로 행복한 마음을 전하는 행동이 자녀의 행동에 변화를 일군다. 행동은 습관이고, 습관은 결과와 연결된다. 공부법의 좋은 결과를 원한다면 행동을 지금부터 꾸준히 공부하는 버릇으로 바꾸어야 한다. 하루하루가 쌓여서 인생의 두께를 만드는 것이기에 지금 바뀌지 않으면 영원히 바뀌지 않는다는 것을 각인해야 한다.

셋째, 자녀가 부모를 이해하게 되면 변화하기 시작한다. 반복이 습관 되면 결과에 의해 운명을 바꾸므로, 행동과학을 기초로 한 꾸준한 관심을 주는 사랑이 내적 환경이다. 즉 자녀를 긍정적이고 적극적으로 변화시키는 데 부모의 노력은 절대 필요하다. 존경심과 강한 가족 구성원으로의 유대감과 소속감을 자녀에게 갖게 하는 것이 소통 관계의 필수적 요건이다. 자녀에게 다양한 직업을 보여주고, 성공한 인물을 만나서 대화의 경험을 해주어 진정한 자녀의 멘토를 만들어 주어야 한다. 자녀에게 자신감을 갖게 하여 미래의 큰 꿈을 목표로 가지게 하는 동기부여를 주어 스스로 목표를 위한 도전의 용기를 갖도록 해주어야 한다.

넷째, 자녀가 만약에 하고 싶은 것만 생각하고 지금 할 수 있는 것을 놓친다면 인생의 기회를 잃게 될 수도 있다는 점을 유념해야 한다. 공부는 공부할 때에 해야 최고의 성과를 가질 수 있음을 자녀에게 깨닫게 해주어야 한다. 자녀는 부모의 행동을 존경하고 부모의 행동을 멘토화할 때 자녀의 행동이 실천으로 시작된다. 창조적 사고를 확장하기 위해 자녀와 역할 바꾸기 놀이를 통해 생각의 틀을 바꿔 주어야 한다.

다섯째, 부모가 자녀와 갈등이 있다면 자녀들에게 진실로 소중한 사람이라는 믿음을 주고, '만약 내가 자녀의 입장이라면 어떻게 행동할 것인가?'라는 질문을 통해 다름을 스스로 인정해야 답을 찾을 수 있다. 부모가 자녀에게 더 많은 경험을 전달하려면 자녀들의 생각이 어떠한지 파악하여 간접적으로 책과 주변 사람의 아이디어 스토리텔링을 통해 자녀 스스로 원하는 바를 스스로 깨달을 수 있도록 철저히 조력자가 되어야 한다.

마지막으로 유대인 공부법처럼 부모와 함께 공부하는 환경을 만들어야 한다. 유대인은 자녀가 태어나기 전부터 대화하고, 책을 읽어주면서 가족 유대감으로 공부 환경을 만든다. 3세에서 5세까지는 공부하지 않고 즐겁게 놀이를 통해 창조적 틀을 형성해 주면서 부모는 자녀에게 칭찬으로 자신감을 키워준다. 자녀가 잘못했을 때에는 체벌 대신 반성의 시간을 통해 스스로 생각의 틀을 바꿀 수 있도록 한다. 또한, 역할 바꾸기 놀이를 통해 다름을 인정하는 창조적 사고를 갖는 내면 환경을 조성한다.

가정에서 자녀들이 꾸준히 공부하는 버릇을 만들기 위해서는 부모의 역할이 중요하고, 가정 학습에서 중요한 것은 장소, 시간, 양, 질의 가치를 깨닫게 해 주면서 활용하는 것이다.
그중에서도 첫 번째가 공부를 할 수 있는 공부방을 정해 두는 것이 아주 중요하다. 공부할 장소를 정해 주지도 않고 '점수가 올라가지 않는다.'라고 말하는 부모를 보면 참 안타깝다. 공부방을 정하고, 그곳에 환경을 만들어 주는 것은 엄마와 자녀가 함께 만들어가는 것이다.

공부에 방해되는 장난감이나 다른 놀이도구들을 공부방에 두지 않도록 하는 것이 첫 번째 할 일이며, 집안 형편상 따로 공부방을 두지 못할 경우는 거실 한쪽이나 집안 한쪽에 공간을 만들어 공부할 수 있게 환경을 만들어 주면 된다.

최대한 집중에 방해되는 모든 요소를 없애 주어야 한다. 자녀가 공부할 때는 가능한 부모도 같이 책을 보거나, 뜨개질을 하는 등 함께 집중하는 모습을 보여주는 것이 좋다. 자녀가 집중해서 공부하는데 거실에서 TV 소리가 들려온다거나 부모의 웃음소리가 들려온다면 집중에 방해가 될 것은 당연할 것이다.

빠른 집중력 도달에 필요한 환경은 공부를 할 때 주변을 정리정돈해야 한다. 책상 위에 잡다한 것이 놓여 있다면 집중력이 분산되는 요인이 된다. 공부에 대한 집중이 안 되고 다른 잡념에 혼란스러워지기에 정리정돈을 잘해야 한다. 특히 공부방의 조명은 자녀 시력에 맞는 밝기를 찾아내는 것도 집중을 위해 좋은 방법이다. 시청은 공부 시간과 독서 시간 및 생각할 시간을 빼앗고 도움이 되지 않는다. 부득이 가족들이 TV 시청을 해야 한다면 거실보다는 방음이 되는 방을 선정하여 시청하는 것이 좋다.

환경에서 가장 중요한 것은 방을 환기하여 공부방을 청정 영역으로 만들어 주는 것이다. 우리의 뇌는 몸무게의 2%밖에 안 되지만 몸에서 필요로 하는 전체 산소의 20%를 사용하는 기관이다.

공부방 안의 온도가 높아 산소가 충분치 못하면 뇌에 신선한 산소를 충분히 공급할 수 없게 되어, 뇌 활동이 낮아져서 집중력이 떨어지고 결국 졸음이 찾아오게 된다. 공부방의 온도는 집중과 깊은 관련이 있으니 공부방의 적정한 온도와 환기에 신경을 써야 한다.

반복 학습이 최고다

　행동과학 공부법에서는 공부를 꾸준히 할 수 있도록 하기 위해 좋은 행동을 연속적으로 반복해 버릇이 될 수 있도록 해주는 것이다. 행동과학에서는 "행동을 놀이와 같이 재미있는 것으로 바꾸어 주면 꾸준히 반복할 수 있다."라는 것이다.

　공부라는 행동도 잘만 하면 재미있는 것으로 꾸준히 바꾸어 줄 수 있다는 것이다. 아이들 스스로 재미있다고 느끼면 해야 할 학습 행동도 알아서 변하게 되는 것이다.

　인간의 행동을 분석하여 원리를 응용하면 어떠한 행동이든 꾸준히 할 수 있게 된다. 어떤 특별한 훈련이나 기술이 필요 없다. 누구나 쉽게 할 수 있다. 행동과학을 기반으로 한 송가네 공부법은 결과와 더불어 과정도 함께 평가한다. 아이들에게 과정에서 나타난 행동도 칭찬을 하여 스스로가 해야 할 행동을 가르쳐주고, 그 행동을 하면 무조건 칭찬을 하는 것이다. 그것은 노력했다는 사실을 인정해 주는 것이고, 격려해 주는 것이다.

행동을 꾸준히 반복시키는 방법으로는 칭찬이 제일 중요하다. 이는 아이의 동기를 유발하고 결과를 좋게 만드는 최상의 도구이다. 공부하는 버릇을 들이게 하는 효과적인 방법이다.

공부하는 버릇을 들이려면 단지 공부를 재미있는 행동으로 수정하여 주는 것으로 상위 1%의 우등생으로 만들 수 있다. 그리고 이것이 습관화될 때까지 부모가 도와주면 되는 것이다.

자신을 알아주는 부모가 칭찬하고, 인정해 주고, 격려해 주고, 기특하다고 말해 주는 것으로 아이는 심리적인 쾌감을 느낀다. "나도 할 수 있다.", "다른 사람에게 도움이 됐다." 이런 마음이 일종의 행복을 느끼게 해 주기 때문이다.

그리고 같은 기분을 느끼기 위해 그 행동을 반복하게 된다. 이는 좋은 행동의 반복을 위해서 칭찬과 인정을 사용할 수 있다는 뜻으로, 좋은 행동을 계속하게 된다는 것은 버릇화의 시작을 의미한다. 100일 작전을 통해 계속 반복한다면 그러한 공부 버릇은 아이에게 긍정적인 결과와 자신감을 주게 될 것이다.

누구나 자신의 행동에 올바른 평가 받기를 원하고 올바르게 평가해 주면 누구나 자발적으로 하고자 하는 마음이 생긴다. 그리고 결과만을 칭찬하고 그 과정의 중요성과 노력을 인정하지 않게 되면 아이는 과정의 중요성을 등한시하게 될 것이다. 그러므로 과정에서의 작은 성공도 칭찬하는 것이다. 또한, 다음으로 미룰 것이 아니라 즉각적인 칭찬이 필요하다. 시간이 흐른 뒤에 칭찬한다면 그 반응은 즉각적일 때보다 효과가 떨어진다.

아이가 시험을 잘 봐서 성적이 올랐는데 한참의 시간이 지난 후에 '저번에 공부를 열심히 했었구나.'라고 말해본들 무슨 큰 효과가 있겠는가? 잘한 것을 알게 되는 즉시 인정해 주는 것이 중요하다. 그렇게 되면 자녀는 칭찬을 듣기 위해 좋은 행동을 반복하게 된다.

송가네 공부법은 행동과학을 기반으로 한 반복 학습으로 버릇화가 요체이다. 이러한 방법으로 목표를 정하고 성공을 한다면 우리 자녀들은 어떤 문제에도 스스로의 능력으로 해결을 할 수 있다.

공부를 지속적으로 한다는 것은 쉽지 않은 일이다. 보통의 경우 모든 아이들은 공부하는 것을 싫어하기 때문에 방법을 알았다고 해서 끈기 있게 계속하지 않는다. 물론 어른들도 반복적으로 꾸준히 하는 것을 싫어한다. 담배를 끊어야지 결심하고 한 3일 실천하다가 그만둔다. 영어 회화를 시작해 놓고 며칠 못 가서 좌절해 버린다. 요즘 다이어트 열풍이지만, 정작 성공한 사람을 찾아보기 드물다. 단 100일 동안 꾸준히 하면 되는데, 쉬운 일이 아니다.

인간은 천성적으로 편한 것을 좋아한다. 행동과학에서는 꾸준히 공부를 할 수 있게 하려면 목적 행동을 재미있는 것으로 바꾸어 주면 꾸준히 할 수 있으며, 꾸준한 습관으로 발전할 수 있다고 한다.

암벽 등반을 하는 동호인들을 보면, 일반 등산이나 걷기를 하면 좋을 텐데 왜 힘들고 위험한 암벽 등반을 하는가 생각하는 사람들이 많다. 그런데 암벽 등반 동호인들은 그것이 가장 재미있는 운동이고 스릴도 있다고 생각하고 그 속에서 나름의 즐거움을 찾고 있어 휴일에도 자일을 메고 산으로 간다. 재미가 없다면 하겠는가?

책을 보는 것 자체에서 즐거움을 느낄 수 있게 해주면 아이들이 스스로 공부하는 것을 좋아하게 된다. 공부가 재미있는데 안 하겠는가? 하지 말라고 해도 하려고 한다.

기술적으로 버릇을 들이기 위해서는 학습에 재미를 느껴야 한다. 학업 성적이 우수한 학생들은 기초를 착실히 다진다고 하는데, 그 기초라는 것이 학업에 재미를 느끼게 하고 학습 습관을 들일 수 있게 도와준다.

어느 학습서, 어느 공부법이든지 표현은 다르지만 반복 학습이 가장 큰 효과를 볼 수 있다고 말하고 있다. 그럼 우리는 막연히 그런가 보다 하며, 많이 반복하면 당연히 기억을 잘할 것이라는 생각이 든다.

당연히 여러 번 보면 잘 기억나는 것이 당연하지만 왜 어떠한 방법이 더 효과적인가는 잘 모르고 지나가는 경우가 많다.

사람은 한 번 본 것을 한 달 후에 기억할 확률은 10% 미만이라고 한다.

하지만 아무리 머리가 나쁘다고 하는 사람도 6번 이상 노출이 된다면 60~70% 이상 기억한다고 한다.

주지하다시피 학습에 빠른 길은 없다. 왕도가 없다. 가장 효과적인 방법은 꾸준히 반복하는 것이다. 반복된 학습은 시냅스를 강화시킨다고 한다. 머리를 쓰면 쓸수록 좋아진다는 말은 이를 두고 한 말이다. 시냅스가 강화되면 그 분야에 대한 기억력이 더 좋아지고 그 부분에 대한 이해도 빨라진다.

일정한 시간에 반복적인 내용을 접하게 만든다면 전술한 바와 같이 두뇌는 그것을 좀 더 빠르게 기억할 수 있다. 기본적으로 3회 이상 반복 공부를 할 수 있도록 꾸준히 노력해야 한다는 의미이다.

학업 성적이 우수한 학생들은 복습을 기본 중의 기본으로 생각하고 있다.

청소년기에는 집중력이 최고조에 이를 수 있는 시기이기 때문에 충분히 가능한 일이다. 실제로 많은 우수 학생들이 이를 매일 실천하고 있다. 그리고 수업이 진행된 후에는 수업 시간에 미심쩍은 부분을 다시 살펴본다. 그런 뒤에도 해결이 되지 않는다면 선생님께 다시 질문하여 미심쩍은 부분을 해결한다. 선생님은 학생의 질문을 환영한다. 자신의 제자가 열심히 공부하는데 누군들 그 학생이 예뻐 보이지 않겠는가?

방과 후에 수업한 과목을 다시 한 번 살펴본다. 짧은 시간에 집중적으로 여러 번 반복하였기에 학습한 내용은 아주 짧은 시간에 기억된다.

1.3 1.3 공부 전략 (망각곡선)

효율적인 공부 방법을 가르쳐주고, 공부 버릇을 만들게 도와주면 이 세상에 공부 못하는 학생은 있을 수 없다. 정말로 공부를 잘하고 싶다면 행동을 수정하여 결과를 달라지게 만들 수 있다.

그러한 변화를 만드는 데에는 버릇이 답이다. 그것도 교과서 위주로 공부하는 버릇을 들이는 것이고, 그것이 공부하는 방법 중 가장 빠른 길이다. 그래서 송가네는 공부를 잘할 수 있는 구체적이고, 효율적인 공부 전략을 만들었다.

송가네 공부 방법의 구체적 전략은,

첫째, 공부 계획표를 철저히 세운다.

둘째, 수업 시간에 집중한다.

셋째, 1.3 1.3 시스템을 반드시 따른다.

넷째, 계획을 점검한다.

앞의 4가지 공부 전략은 첫 번째, 공부 계획표를 세우고, 철저히 실천하는 과정이다. 이것은 단계별로 실현 가능한 연간, 학기별, 월별, 주별, 일별, 시간별 공부 계획표를 세우고 철저한 실천과 반성이 필요하다.

다음 과정에서도 언급이 되겠지만 이는 단계별 계획을 세워 이룰 수 있는 목표를 정하고 노력하는 것을 말한다.

수업 시간에 몰입해서 집중하는 것은 상위 1% 학생들이 알려주는 공부 잘하는 비법이다. 대학입시 경향을 보면 갈수록 내신 등급이 중요한 비중을 차지하고 있고, 또한 학교 수업은 공부의 첫 번째 단계이고 기초이기 때문이다. 학교 수업과 성적은 충실하지 못하면 다른 것으로 만회가 불가능하다.

그리고 예습과 복습의 1.3 1.3 시스템이다.

학업 성적이 우수한 학생들은 복습을 기본 중의 기본으로 생각하고 있는 것에 주목해야 한다. 이 학생들 중의 상당수는 선행학습을 진행하고 기본적으로 목표 의식이 확실하기에 수업 시간에 최대한 집중한다.

청소년기에는 집중력이 최고조에 이를 수 있는 시기이기 때문에 충분히 가능한 일이고, 실제로 우등생들이 실천하고 있다. 그리고 수업 후에는 수업 시간에 미심쩍은 부분을 다시 살펴본다. 그런 뒤에도 해결이 되지 않는다면 선생님께 다시 질문하여 미심쩍은 부분을 해결한다.

그리고 그날 방과 후 바로 수업한 과목을 다시 한 번 복습하고 다시 전체적으로 공부 계획표에 맞추어 공부해야 한다. 짧은 시간에 집중적으로 여러 번 반복하였기에 학습된 내용은 아주 짧은 시간에 기억된다.

그리고 그 다음 날 아침에 어제의 내용을 영어와 수학을 중심으로 다시 살펴보는 방법을 택하는 우수 학생들이 많다. 이들은 학교에 등교하기 전에 어제 내용을 한 번 살펴보는 시간이 아주 중요하다.

이 경우를 생각해 보면 이 학생은 수업 시간과 수업이 끝난 후, 방과 후 두 번, 다음 날 아침, 이렇게 한 번의 수업과 예습 세 번의 복습 과정을 이틀에 거쳐서 진행했다.

상위 1% 우수 학생의 경우 많은 학생이 수업 시간을 무엇보다 중요하게 생각하고 있다고 밝혔는데, 이들은 근본적으로 학원에서 학교 수업 시간과 겹치는 과정을 두 번 반복하는 것으로 시간 낭비라고 생각한다.

이는 한 번 내용을 정리하였기에 요점을 짚어 복습하고 미진한 원리 학습에 시간을 투자하는 것이 더욱 효과적이라고 생각하기 때문이다. 이는 시간을 활용하고 반복하는 학습으로 최대의 효과를 볼 수 있는 매우 효율적인 공부 방법이다.

만약에 영어, 수학을 중심으로 한 선행학습이 진행되었다면, 이 학생은 자신이 예습을 하고 미진한 부분을 수업 시간에 해결하며,

한 번의 복습으로 이틀 사이에 세 번의 반복 학습을 하게 된다.

　이 정도의 반복 학습이 이루어진 후에 학교의 시험 기간이 왔다고 한다면, 영어와 수학은 물론이고 중요 과목에서는 이미 많은 시간을 절약할 수 있다. 이에 따라 시간을 배정하고 학업을 진행한다면 아마 성적이 비약적으로 상승할 수 있는 계기가 될 것이다.

　반복하는 복습의 효과에 대하여 과학적으로 증명한 학자가 있다. 독일의 심리학자 에빙하우스*인데 그는 기계적 학습과 기억 측정의 실험 방법을 개척했다. 그는 시간의 흐름에 따른 기억력의 변화를 측정했는데 다음과 같았다.

　학교 수업 시간에 집중하여 공부한 다음 쉬는 시간 3분을 최대한 활용하는 지혜는 공부법의 첫걸음이다.

　쉬는 시간 3분이 상위 1%로 도약할 수 있는 비장의 무기라고 할 수 있다. 우선 쉬는 시간에 전 시간 수업에서 배운 것을 전체적으로 1차 복습을 3분 안에 하고, 집에 돌아가 1시간 그날 배운 내용을 2차 복습하고, 그리고 공부 계획표대로 하루 3시간 이상 전반적으로 공부한다. 이 방법을 철저하게 실천한다면 상위 1%의 우수 학생이 될 수 있다는 것을 확신한다.

　그리고 1시간 일찍 일어나 그날 수업할 내용을 1시간 예습을 하거

※ 헤르만 에빙하우스(Herman Ebbinghaus, 1850~1909) : 독일의 심리학자. 감각 영역에서 행하여진 일을 고등 정신작용에 적용시키려고 한 기억 실험의 결과인 《기억에 관하여》를 발표하였다. '에빙하우스의 망각곡선'으로 유명하며, 그의 연구 결과는 이후 기억력 학습연구의 원형으로써 크게 공헌하였다.

나 영어, 수학을 공부한다. 이것이 공부의 완성이며 상위 1%로 가
는 지름길이다. 이것을 실천하는 것이 1.3 1.3 시스템의 완성이다.

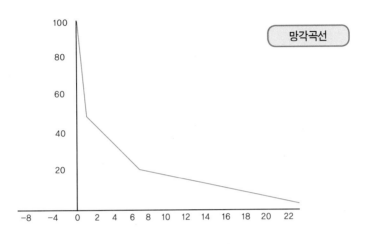

〈시간 흐름의 변화에 따른 망각곡선〉

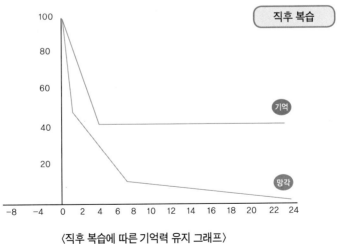

〈직후 복습에 따른 기억력 유지 그래프〉

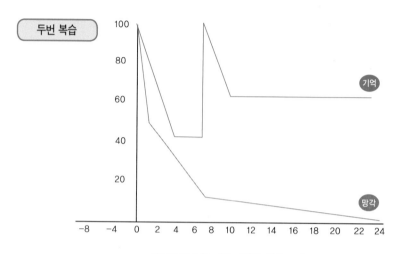

〈두 번 복습에 따른 기억력 상승 그래프〉

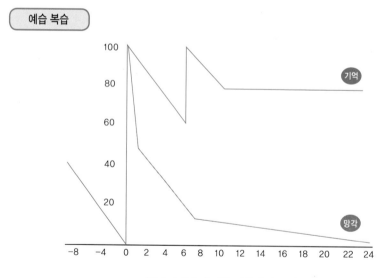

〈예습과 복습에 따른 기억 효과 그래프〉

CHAPTER **8**

소통화

기적의 송가네 공부법

나의 자녀 교육의 방정식은 무엇일까? 두뇌를 업그레이드시키고 꿈을 꾸며 꿈을 이루기 위한 계획을 세워 실천해야 한다. 그리고 몇 번만 실천하는 것이 아니라 일상의 버릇을 만드는 것이다. 그 다음이 목표에 집중·몰입하는 것인데 그 사이에 부모와 자녀가 소통을 잘해야 꿈이 이루어지는 쪽으로 가속화된다.

부모가 바뀌어야 자녀도 바뀐다

소통하는 데 부모가 가져야 할 첫 번째는 자녀가 공부 버릇에 길들여질 때까지 자녀를 사랑하고 믿어주라는 것이다.

'공부도 열심히 하지 않고 사랑스럽지도 않은데 어떻게 사랑하고 신뢰하란 말인가?' 하고 반문할 수 있을 것이다.

그래도 해야 한다. 내 막내아들이 말썽을 피우고 공부를 하지 않았을 때 훈계하고 늘 꾸짖었지만 좋아지지 않았다. 처음엔 내키지 않았어도 사랑한다고 말하고 사랑하려고 노력하였다. 사랑하게 해달라고 기도했다. 그리고 앞으로 크게 잘될 것이라고 축복했다. 계속 그렇게 말하고 기도했더니 정말로 막내아들을 사랑하게 되었다. 그리고 앞으로 크게 잘될 것이라고 믿게 되었다. 그때부터 막내아들이 공부를 열심히 하기 시작했다.

사랑으로 크는 자녀는 절대 잘못되는 경우가 없다. 부모들은 아이들에게 '이거 해라, 저건 하지 마라.' 식으로 지시하고 가르치는 것이 사랑을 표현하는 것이라고 믿는다. 하지만 아이가 묻지도, 원하지도 않았는데 부모가 지시하고 가르치는 것은 사랑을 표현하는 것이 아니라 잔소리이다. 현재 중 · 고교생 자녀를 둔 부모들 역시 주입식 교육을 받고 자란 세대로 대화를 통해 문제를 해결하는 능력에 매우 서툴다. "난 너의 부모라는 것이 자랑스럽다. 널 정말 사랑한다. 넌 나의 보물이다."라고 하루에 한 번씩 말해 준다면, 자녀들은 분명 많은 변화를 겪을 것이다.

우리 자녀들은 태어나 말을 배우기 시작하면서부터 부모를 모델 삼아 행동을 따라 하며 버릇을 들여간다. 그런데 초등학교에 들어가 고학년이 될수록 그런 모습은 차츰 없어지고 부모와 갈등이 쌓여가고 신뢰를 잃어간다. 학교 성적이 전부가 아니라고 하면서도 부모들은 자녀의 성적에 너무 집착해 자녀의 의사에 상관없이 부모 스스로 판단하여 학원에 보내고 과외를 시키고 있다. 그렇기 때문에 스스로 알아서 공부하지 않는 아이들을 책망하기 전에 부모들 스스로부터 돌이켜 생각해 보는 것이 중요하다. 혹시, 자녀가 대화 자체를 거부한다거나, 부모의 말에 모두 짜증으로 대꾸한다면, 그것은 분명 그전부터 부모와의 대화에서 좌절을 겪었을 확률이 높으며 그럴 경우에는 말로 하지 못했던 쑥스러운 말, 평소 전하지 못했던 속마음을 편지나 카드로 표현하는 것이 자녀에게 부모의 진심과 사랑을 보여줄 수 있는 방법이라고 생각한다.

일류대학에 합격한 학생들을 대상으로 설문조사한 결과 대부분의 학생들 대답은 부모님의 사랑과 격려, 그리고 믿음으로 공부에 대한 슬럼프를 극복할 수 있었다고 한다. "나는 너를 믿고 사랑한다."라는 말이 우리 자녀를 스스로 재미있게 공부하게 하면서 목표를 가지고 꾸준히 성장하게 만드는 비결이다. 오늘부터 바로 생각을 바꾸면 자녀가 바뀐다는 것을 다시 강조하고 싶다.

자녀들은 부모의 행동을 보면서 성장하는 것이다. 즉 부모가 본보기가 되는 것이다. 자녀를 긍정적이고 적극적으로 변화시켜 공부 버릇을 만드는 데는 부모님의 노력이 필요하다.

그렇다고 자녀에게 "너는 이것이 나쁘니 이렇게 바꿔라."라고 말한다면 어떻게 생각할까? 자녀가 부모님의 말씀을 이해하고 받아들이기 위해서는 무엇이 필요할까? 존경심 내지는 강한 가족 구성원으로서의 유대감이다.

자녀들에 대한 깊은 관심과 사랑을 갖고 변화를 원하면, '자녀들에게 지금이 가장 중요하다.'라는 생각을 갖게 유도하면서 현재 하루하루의 노력이 쌓여 '자신의 미래가 만들어진다'는 점을 자녀에게 충분히 인식시켜야 한다.

여기서 중요한 것은, 부모는 과거의 잘못된 공부 버릇을 지금의 공부 버릇과 연관하여 아직도 과거와 같다는 등 부정적인 말을 함으로써 자녀의 사기를 꺾어서는 안 된다.

자녀의 과거도 중요하지만 현재의 좋은 것만 찾아내어 반복하도록 행동을 강화시켜 주는 것이다. 과거는 더 나은 현재를 만들기 위한 바탕일 뿐, 지금으로부터의 미래를 만들어 가는 데 지장을 주지 말아야 된다.

"고등학생 시절 동생들과 함께 광주에서 자취생활을 할 때 내가 공부를 하면 동생들도 모두 나를 따라 공부를 했다. 그런 것이 동생들에게도 공부하는 환경을 조성하게 되었으며, 꾸준히 집중하는 습관을 만들어 우리 4남매와 나의 첫째 아들까지 송가네 5명이 고등고시에 합격하는 원동력이 된 것이다. 나의 막내아들 역시 처음에는 방황했지만 내가 책을 읽고 나이가 들어서도 공부하는 내 모습을 보면서 자연스럽게 공부하는 행동을 몸에 익혀갔다."

- 송하성, 《내 아이도 꿈을 이룰 수 있다》 중에서

남자는 그걸 수도 있는 거야!

사람은 일생을 통해 누군가를 닮아간다고 한다. 닮아가는 대상이 자꾸 바뀌기도 한다. 위인전을 읽으면서, 때론 본보기가 되는 인물을 만나면서 그 대상을 발견하게 된다. 나는 성장 과정 내내 아버지를 닮아가고 있었다. 아니 아버지를 닮고 싶었다. 소위 벤치마킹할 수 있는 대상이 있었던 것이다.

나는 1992년 부친 회갑 기념 문집으로 《고흥의 흙과 더불어》를 발간한 바 있다. 그 표지 글에 나는 이렇게 썼다.

"나의 아버지는 높은 자리에 오르신 분이 아니다. 돈이 많은 사람도 아니다. 그렇다고 뛰어난 문학가도 예술작품을 남긴 사람도 아니다. 다만, 고흥에서 흙과 더불어 진실하고 성실하게 살아온 보통사람일 뿐이다. 우리 6남매는 아버지를 진정으로 존경한다. 사랑한다. 그리고 따른다."

아버지의 말 없는 행동은 나를 비롯한 우리 6남매가 살아가는

데 등대가 되어 주셨던 것이다. 아버지는 고향인 전라남도 고흥군 대서면에서 홀어머니를 모시고 힘겨운 농사일을 하시면서 생계를 꾸려 나가셨지만, 평소 학구열이 대단하셔서 농사일 중에도 독학으로 중학교와 고등학교 과정을 수학하는, 그야말로 낮에는 농사일을 밤에는 공부하는 주경야독의 생활을 하셨다.

그리고 1962년 세 아이를 둔 30세 가장의 나이로 지방공무원 시험에 합격해 1963년 1월부터 지방 재경서기보로 공직 생활을 시작하였다. 이후 1989년 3월 24일 정년으로 공직 생활을 마감하실 때까지 무려 27년간 고향인 대서면사무소에서만 근무하셨다. 강직하고 성실하며 항상 배움의 길을 걸으셨던 아버지는 한학, 역사, 일본어, 일반상식에 이르기까지 거의 모든 분야에 걸쳐 책을 읽으시며 지식의 폭을 넓히셨다.

심지어 돼지 콜레라가 유행했을 때는 손수 관련 책자를 읽으시면서 돼지에게 예방 주사를 놓는 등 지식에 대한 열정을 보여주셨다. 이러한 모습은 자식들에게 무언의 교훈으로 작용해 아마 나를 포함해 다섯 동생이 각자의 몫을 충실히 하는 삶을 살아오게 된 것이 아닌가 하는 생각을 하게 된다.

아버지는 공직에서 은퇴하고 나서도 배움에 대한 열의가 식지 않아 전남대학교 경영대학원과 광주유교대학을 졸업하셨고, 지금은 칠순이 훨씬 넘은 나이에도 인터넷을 검색하려고 컴퓨터를 배우시는 등 '인간은 평생을 배워야 한다.'라는 것을 몸소 실천하며 보여주시고 계신 분이다.

아버지는 평소 거의 말씀이 없으신 과묵한 성격을 가지셨다. 그렇지만 그 누구보다도 따뜻한 심성의 소유자로 알게 모르게 우리 자식 곁에 계시면서 때로는 친구처럼 자식들을 대해 주셨다. 내 자식을 키우면서 어렸을 때의 아버지에 대한 추억을 떠올리며 즐거워했던 때가 한두 번이 아니다. 어느 겨울날, 주위 친구들은 자기네 형이 만든 연을 갖고 동네 논두렁에서 연날리기를 할 때 손재주가 거의 없는 나는 그저 물끄러미 친구들이 노는 모습을 바라보고 있었던 때가 있었다.

그때 아버지께서는 어느 틈에 내 곁에 오셔서 대나무를 깎고 나서 거기에 창호지를 붙여 참연_{방패연}을 만들어 주시면서 "내가 연을 하늘로 올릴 테니 너는 연실을 슬슬 끌어올려라!"라고 말씀을 하셨다. 당시 시골에서는 아버지가 코흘리개 아들과 연날리기를 하며 함께 놀아준다는 것이 매우 보기 드문 풍경이었다. 나는 성장하면서 여러 번 아버지의 기대에 어긋나는 일을 하였다. 그러나 그때마다 아버지는 이해와 사랑으로 나를 감싸 주셨으며 그로 말미암아 더욱 깊은 교훈을 가슴에 새기게 되었다.

초등학교 3학년 때 일이 기억에 새롭다. 이름마저 정겨운 동네 친구 형체, 하철, 필수 등과 버스를 타고 내가 사는 동네 대서면 옆 조성면의 시골 장에 가서 아이스케이크 장사를 했다. 하늘색 페인트가 칠해져 있는 나무통에 아이스케이크를 도급받아 "달고 시원한 아이스께끼!"라고 외치며 팔았다. 여섯 명이 장사를 했는데 나의 판매량이 제일 적었다. 달랑 버스비 5원만 벌어 간신히 돌아올 수 있었다. 이 소문을 들은 동네 사람들은 우리 꼬맹이들을 야단 반, 놀림 반으로 대했다. 공무원 아들이 시골 시장바닥 장돌뱅이같이 장사했다는 것은 그 당시 시골 정서로는 쉽게 용납될 수 없는 일이었다. 집에 들어오자 장사꾼이 된 아들 때문에 체면이 구겨졌다고 생각하신 어머니는 무척 심하게 나를 꾸짖었다. 퇴근하시고 집에 오신 아버지는 이야기 경위를 어머니로부터 보고받고 한마디로 말씀하셨다. "잘했다. 하성아, 남자란 안 해본 일도 해보고 또 여러 가지 경험을 해보아야 한다." 뜻밖에 아버지는 내 장사꾼 연습을 정당화시켜 주셨다. 나의 가능성을 상자 안에 가두어 놓지 않고 이렇게 활짝 열어 놓아 주셨다. 그래서 나는 꿈을 꿀 수 있었다. 아버지의 말씀에 감명 받았음은 물론 더욱 존경스러웠고 따뜻한 감정이 생겨났다.

1967년 1월 초등학교 6학년 때 가출했던 사건도 잊을 수 없는 추억으로 남아 있다. 시골에서 초등학교, 중학교에 다니며 세월만 보낸 내가 어린 마음에도 크게 성공할 것 같지 않았다. 조숙했던 탓일까. 집에서의 생활이 암울하고 세상살이가 따분해졌다. 차라리 일찍 집을 나가 점원 생활부터 시작하여 돈을 벌고 세상 물정을 안 후에 사업하여 크게 성공하는 것이 좋겠다는 생각이 앞섰다. 그래서 가출을 시도했다. 참으로 어처구니없지만, 그때는 절실한 결단이었다.

아버지한테는 벌교 외가에 다녀오겠다고 거짓말을 하여 약간의 차비와 용돈을 타냈다. 기차를 타고 벌교와 순천에서 전라선 밤 기차를 타고 상경을 시도했다. 이미 돈이 떨어져 무임승차할 수밖에 없었다. 며칠 세수를 제대로 하지 않으니 얼굴은 초췌하고 거무튀튀해져 있었다. 기차 안에서 완전한 거지차림의 한 소년이 오더니 "야! 너 집 나왔지?" 하며 "거지 선배로서 너 검표원이 오면 무임승차로 붙들리니까 약간 추워도 객실에서 나가 화차와 객차 사이의 짐 넣는 곳으로 가자!"라고 이끄는 것이었다.

우리는 서로 다리를 포개 따뜻하게 하여 웅크리고 잤다. 그러나 그 기차가 가는 방향은 서울 쪽이었으나 종착역은 서울이 아니고 남원역이었다. 그 거지 소년과 헤어진 나는 남원역에서 '김홍식'이라는 이름표를 붙인 역원 아저씨의 배려로 국밥까지 얻어먹으며 역에서 밤을 지새웠다 너무 고마워서 지금도 역원 명찰에 새겨진 이름을 기억하고 있다. 계속 날씨가 추워지고 배가 고파 다시 무임승차로 순천을 통과하고 벌교를 거쳐 고흥 집으로 돌아올 수밖에 없었다. 나의 발걸음은 무거웠고 성경에 나오는 '돌아온 탕자湯子'처럼 목을 늘어뜨리고 집으로 향하였다.

자식이 가출하여 살았는가, 죽었는가 걱정에 휩싸여서 뜬눈으로 며칠을 보낸 아버지, 어머니. 어둑어둑해졌을 때 집에 들어서자 초췌해진 모습으로 고개를 떨어뜨리고 들어오는 나를 아버지는 감동스러운 표정과 말로 맞아주셨다.

"남자는 그럴 수도 있는 거야!"

따뜻한 말씀 다음에 이어진 매서운 질책은 오히려 사탕처럼 달게 느껴졌다. 아버지는 진정 나를 사랑하고 계신다는 확신이 더욱 굳어졌다. 아버지는 일제강점기 때 초등학교밖에 졸업하지 못했다. 독학으로 공부해 공무원 시험에 합격한 것이다. 아버지는 내가 고교 1학년 때 조용히 자신이 가지고 계셨던 꿈 이야기를 하셨다. "나는 못 배웠어도 내가 낳은 자식 6남매를 모두 대학까지 졸업시키겠다."라는 것이 바로 아버지의 꿈이었다.

진인사대천명

진인사대천명盡人事待天命은 우리 집의 가훈이다. 최선을 다한 후에는 하늘의 뜻을 기다린다는 뜻으로 먼저 최선을 다하고 그 뒤에 올 결과는 담담히 수용하자는 뜻이다. 아버지는 "호랑이가 토끼를 잡을 때도 최선을 다해야 가능하지 그냥 적당히 되는 것이 아니다."라는 말씀을 자주 하셨다. 특이한 가훈은 아니지만, 행동으로 모범을 보여 주는 아버지가 계셨기에 그 말은 범상하게 느껴지지 않았다.

우리가 어렸을 때 아버지는 '공부하라'는 잔소리를 하신 적이 없었다. 다만, 늘 책을 가까이하고 무언가 항상 노트에 기록하는 모습을 보여주셨기에 우리 형제들도 아버지의 모습을 좇아 책상머리에 앉는 습관에 길들여졌다. 영길이가 초등학교 시절 겪었던 일도 아버지의 모습을 단적으로 보여준다. 영길이 운동회 날 아버지는 학교에 오셔서 과일을 사 주셨다. 그때 영길이가 배 한 개를 집어들었는데 과일장수가 이를 모르고 배 한 개를 더 주었다. 영길이는 알면서도 그것을 그냥 받았다. 그런데 그날 밤 아버지는 잠자리에서 부드러운 목소리로 영길이를 불러 타이르셨다.

"영길아, 오늘 낮에 배 한 개를 더 가져간 사실이 있지. 그 자리에서 지적하려다가 네가 부끄러워할까 봐 이제 이야기한다. 앞으로 그런 일 없도록 하여라." 영길이는 갑자기 귀가 멍해지고 저 자신이 그렇게 부끄러울 수 없었다고 고백했다. 그리고 한편으로는 어린 아들이 무안해 할까 봐 조용히 불러내 지적해주신 아버지가 그렇게 감사할 수 없었다고 한다.

내가 취업을 위해 상고에 들어갔으나 선배의 조언으로 대학 진학 쪽으로 진로를 바꿨을 때도 밤을 새워 대화를 나누고 나서 나의 논리적이고 타당한 주장에 흔쾌히 허락을 해주신 트인 아버지셨다. 학생운동을 하다가 서대문 구치소에 수감된 넷째 영길이에게 "네가 가진 뜻이 형들과 다를지라도 국가와 민족, 역사를 위해서라면 너의 뜻을 바쳐라."라고 격려할 정도로 자식의 올바를 뜻을 존중하셨다. 지방 공무원 신분이었기에 안기부, 내무부 등 상급 기관에 불려다니시면서 고초를 겪으셨지만, 내색 한 번 하지 않으셨다.

아버지는 우리가 성장해 도회지로 나가 학창 생활과 직장 생활을 하게 되자 편지를 통해 우리와 대화를 나누시고 격려와 충고를 잊지 않으셨다. "…먼저도 말했지만 진인사대천명盡人事待天命의

심경으로 주어진 여건에서 최선을 다할 것이니라. 항상 건강에 유의하고 편식 성향을 바로잡는 데 노력하여라."라는 등의 주문도 늘 따라다녔다. 심지어는 우리가 보낸 편지 내용 중 틀린 글자를 지적해 주시는 편지도 있었다. '…너의 편지에 쓰인 어구 중 틀린 점을 지적하니 이제부터는 바로잡도록 하여라. 하경下京은 하향下鄕으로 쓰고 면사무소 각계各界는 계界가 아니라 계係로 써야 한다.'라는 식의 지적이었다. 나는 짐 가방 하나를 가득 채웠던 아버지의 편지를 이사 도중 잃어버린 것에 대하여 두고두고 애석해하고 있다.

"나는 못 배웠어도 내가 낳은 자식 6남매를 모두 대학까지 졸업시키겠다."라는 것이 바로 내 아버지의 꿈이었다.

격려와 칭찬은 자녀 성장의 촉진제

작은 출발

여러분은 세코이아 나무를 아는가?

세계에서 가장 크게 자라는 상록수인데 학자들은 중생대에 번성한 것으로 추정하고 있다. 현재는 미국 캘리포니아 주와 오리건 주 해안 가까운 산지 위주로 자라고 있다.

세코이아는 두 종류가 있는데 하나는 레드 우드로 높이 130미터, 지름 6미터, 수명은 1000에서 1400년까지고, 하나는 빅 트리로 높이 90미터, 지름 9미터에 수명은 4000에서 5000년까지라고 한다.

그런데 이 거대한 나무도 그 씨앗은 아주 작다고 한다.

작게 시작해서 크게 성장하는 것이 어디 세코이아뿐이겠는가?

사람도 마찬가지이다.

차동차왕 헨리포드는 시계수리공이었고, 프랑스의 황제 나폴레옹은 서민의 집안에서 태어나 사관학교를 42등으로 졸업했다.

미국의 위대한 교육자 부커 워싱턴은 노예로 태어났으며, 영국의 문호 셰익스피어는 나무꾼의 아들로 태어나 극장 앞에서 말지기 일을 했다.

폴란드의 천문학자 코페르니쿠스는 이발사였고, 백화점왕 존 워너메이커는 벽돌공의 아들이었고, 철도왕 릴런드 스탠포드는 농부의 아들로 태어났다.

또 아메리카 대륙을 발견한 콜럼버스는 직조공의 아들로 태어나 공장일을 했으며, 세계적인 일본인 실업가 마쓰시다는 자전거포의 점원이었으며, 중국의 최고지도자 마오쩌뚱은 빈농의 아들로 태어났다.

이슬람교의 창시자 마호메트는 일찍이 고아가 되어 당나귀의 마부 일을 했으며, 러시아의 여황제 예카테리나는 농민의 딸로 태어나 고아가 되어 점원 생활을 했으며, 그리스의 대웅변가 데모스테네스는 말더듬이였다. 새싹이 자라서 거목이 되고 강아지가 자라서 맹견이 되듯 위대한 인물도 한때는 풋내기였다.

《성서》에서도 "네 출발은 미미하나 네 나중은 창대하리라." 하지 않았는가?

작은 출발이 위대한 꿈을 이루는 초석이 된다는 사실을 명심하라.

잘못된 평가

교사나 상사, 부모 등 권위 있는 주위 사람이 자기 운명의 결정자가 아니라는 사실은 역사가 증명하고 있다.

발명왕 토머스 에디슨은 7세 때 학교 선생님에게 교육의 가능성이 없다는 말을 듣고 학업을 포기하기를 권유받았다.

그 교사는 에디슨이 있는 앞에서 교육위원에게 이렇게 말했다.

"이 아이는 머리가 혼란하기 때문에 더 이상 학교에 와도 소용이 없습니다."

위대한 인물들이 무명 시절 잘못된 평가를 받는 경우는 너무도 많다. 교사나 주위 사람들이 함부로 내렸던 잘못된 평가를 좀 더 들어 보자.

미국의 대통령 링컨이 어린 시절 교사로부터 받은 평가이다.

"4개월밖에 학교에 다니지 않은 것을 생각하면 학교 성적은 매우 우수함, 그러나 공상가로 자주 바보 같은 질문을 한다."

다음은 노벨물리학상을 받은 과학자 엘버트 아인슈타인. 그는 반에서도 특수한 존재로 10세가 되었는데 겨우 읽기와 쓰기를 할 수 있었다.

"숙달된 모습은 볼 수 있으나 이 아이의 미래에 관해서는 그다지 좋은 성과를 바랄 수 없다."

여성 파일럿의 선구자 아멜리아 에어하트의 교사는 어떻게 평가했을까?

"나는 아멜리아를 매우 염려하고 있다. 이 소녀는 똑똑하고 호기심에 가득 차 있지만 생각하는 것은 무무하고 관심은 오로지 곤충이나 마룻바닥을 기어 다니는 벌레에게 향해 있다.

어떻게 이 소녀의 호기심 대상을 여자다운 것에 돌릴 수가 있을까 고민이다."

유명한 테너 엔리코 카루소는 교사로부터 악성이라 가수로는 불가능하다는 말을 들었고, 북극탐험가로 유명한 해군 소장 출신의 리차드 버드는 군대 근무에 부적합하다는 말을 들었으며, 소설 《작은 아씨들》로 유명한 작가 루이자 메이 올컷은 편집자에게 대중에게 인기 있는 베스트셀러를 결코 쓸 수가 없을 거라는 혹평을 들었다.

운명의 결정자는 자기 자신이다.

세상 사람들이 뭐라고 하든 잘못된 평가에 현혹되지 말자. 그리고 함부로 타인을 나쁘게 평가하지도 말자. 특히 자녀를 훈계한다고 나쁘게 말하면서 꾸짖는 것은 극히 조심하고 가급적 지양해야 할 일이다. 비록 지금 어려운 여건에 처해 있더라도 적극적인 자세로 노력한다면 반드시 성공할 수 있다.

격려와 칭찬은 성공의 기폭제

루치아노 파바로티Luciano Pavarotti는 이탈리아의 테너가수로 다양한 레퍼토리와 높은 음역에서 멀리 뻗어나가는 맑고 깨끗한 음색이 최대의 장점이었으며 플라시도 도밍고, 호세 카레라스와 함께 세계 3대 테너로 불렸다.

이탈리아 모데나에서 제빵업자의 외아들로 태어났으며 오페라 애호가이자 아마추어 테너가수였던 아버지의 영향으로 일찍부터 음악적인 환경에서 자랐으며, 1955년 모데나 사범학교를 졸업하고 아버지와 함께 모데나 오페라극장의 합창단에서 활동했다.

이러한 루치아노 파바로티는 처음부터 뛰어난 사람으로 두각을 나타낸 것은 아니었다. 어느 날 어느 유명인사의 뮤지컬 공연에 관객으로 갔는데 그 뮤지컬 가수가 항공편에 문제가 생겨 공연 시간에 도착을 할 수가 없었다.

전전긍긍하던 주최 측은 위기 탈출을 위해 관객인 루치아노 파바로티로 하여금 대신 노래를 부르도록 요청했다. 루치아노 파바로티는 '사랑의 묘약'을 열창했다.

뛰어난 노래였다.

그러나 거의 아무도 박수를 보내지 않았다.

무명이었기 때문이었다.

그런데 이층에서 아빠랑 같이 온 어린 딸이 "아빠 최고, 아빠 최고"하고 크게 외치며 손뼉을 치기 시작했다.

이상할 정도로 진정성 있고 큰 소리로 외치며 손뼉을 쳤다.

감동받은 관객들은 박수를 보내고 앵콜을 외치기 시작했다.

뒤이은 루치아노 파바로티의 '공주는 잠 못 이루고'라는 노래는 모든 관객을 감동의 도가니로 빠져들게 했다.

히어로 루치아노 파바로티가 탄생하는 순간이었다.

이와 같이 조그만 아이의 격려도 사람들을, 아니 아버지까지 바꾸는 것이다.

CHAPTER 9

몰입화

기적의 송가네 공부법

나의 자녀 교육의 방정식은 두뇌를 업그레이드시키고 꿈을 이루기 위한 계획을 세워 시작하고 꿈이 이루어지도록 일상의 버릇을 만드는 것이다. 그 다음이 목표에 집중·몰입하는 것인데 그 사이에 부모와 자녀가 소통을 잘해야 꿈이 이루어지는 쪽으로 가속화된다.

몰입을 위한 환경 만들기

공부할 때 책상 정리는 몰입에 빠른 도달을 위해서 가장 중요한 것이다. 책상 위에 잡다한 것이 놓여 있다면 집중력이 분산되는 요인이 된다. 책상 위가 산만하면 공부에 대한 몰입이 안 되고 다른 잡념으로 혼란스러울 것이다.

공부방의 조명은 자기 취향에 맞는 밝기를 찾아내는 것도 몰입을 위해 좋은 방법이 된다. 앞에서도 언급했듯이 몰입에 최대의 적은 TV, 공부하는데 몰입에 큰 방해물 중의 하나가 TV 소리이다. TV 소리는 전혀 들리지 않는 상태가 공부하는 데 이상적이다. 그러기 위해서는 가정에서 TV를 거실에 두고 시청하는 것보다는 부모 방에서 시청하거나 당분간 없애는 것도 좋은 방법이다.

학원 공부를 통해 오르는 성적보다 TV와의 결별로 오르는 성적이 크다는 사실은 매우 중요한 것을 의미한다. TV는 공부 시간과 독서 시간 및 생각할 시간을 빼앗는 몰입에 장애 요소이다.

흐름을 방해하는 요소 없애기

휴대전화는 아이들이 공부할 때에 제일 큰 장애물이다. 그리고 학교 수업 시간에도 커다란 방해 요인으로 교사들은 학생들의 휴대전화 사용을 억제하고 있다. 공부하는 학생 입장에서 휴대전화에 끌려다니기보다는 공부에 몰입하는 것이 지혜롭다는 것을 자녀들로 하여금 깨닫게 해주어야 한다.

또한, 컴퓨터 게임도 공부에는 커다란 장애물이다. 자녀들이 컴퓨터 게임에 지나치게 빠져들지 않도록 자기 통제를 확실하게 해야 한다. 컴퓨터 게임은 계획표대로 공부를 했을 경우 보상으로 주말에 일정한 시간을 정하여 할 수 있도록 하는 것이 좋다. 그러므로 부모는 컴퓨터를 반드시 거실에 두어 사전에 자녀들이 컴퓨터 게임 등에 너무 깊게 빠져들지 못하도록 통제 역할을 해야 한다. 그리고 부모들이 되도록 컴퓨터 기본 지식을 배워 자녀들이 컴퓨터를 올바르게 사용할 수 있도록 해야 한다. 아이들이 컴퓨터 게임과 현실 세계를 엄격하게 구분하는 자기 판단력을 갖게 해야 하는 것은 부모의 몫이다. 컴퓨터를 통한 대화보다 직접 만나는 대인관계를 중시해야 할 것이다.

근래에 대두하는 대부분의 문제는 아이들이 컴퓨터를 학문과 교양을 넓히는 데 필요한 정보를 얻는 도구로 활용하기보다는 게임의 용도로 활용하고 있다는 점이다. 따라서 적절한 절제가 요망된다. 이처럼 아이들은 휴대전화, 컴퓨터로부터 완전히 자유로

울 수는 없다. 자녀들의 손이 닿기 쉽고 잘 다루기 때문에 문제가 커진다. 그래도 공부하는 시간만큼은 억제하게 하는 것이 가장 좋은 방법이다. 따라서 부모의 세심한 관심과 현명한 통제가 필요하다.

"친구 따라 강남 간다."라는 말이 있듯이 친구는 성장 과정에서 절대적 영향을 준다.

좋은 친구의 영향을 받아서 공부를 잘하기도 하고, 또래 문제아 그룹에 속해 공부를 외면하거나 멀리할 수도 있다. 자녀가 누구와 친구를 하여 어떤 새로운 문화를 받아들이는지를 체크하지 못하면 공부하는 방해 요소를 절대적으로 열어둔 상태라고 볼 수 있다.

공부를 잘하는 방법은 누구를 멘토로 삼아 무엇을 목표로 꾸준히 반복하며 실행하느냐에 따라 그 결과가 좌우된다는 큰 흐름의 요소가 있다.

송가네 공부법은 생각하고 행동하면 버릇이 바뀌고 운명의 결과가 달라진다는 공부법이다. 즉 백 번을 반복하여 공부하는 버릇을 들이고 구체적으로 목표를 실행한다는 작은 흐름의 요소가 있다. 구체적 목표는 시간에 대한 연, 월, 주, 일, 시간, 분의 관리와 공부하는 습관의 흐름의 요소를 실천하는 것이다.

몰입 단계에 이르는 법

공부를 하다 보면 1시간 공부했는데도 겨우 교과서 3~4쪽에서 맴돌 때가 있다. 그런가 하면 30분 정도에도 상당히 많은 양의 내용을 공부할 때가 있다. 왜 그럴까?

이것이 바로 몰입의 차이이다. 몰입을 해서 공부했느냐 못 했느냐가 바로 학습량과 그 단원의 내용을 이해했는가에 직접적으로 영향을 준다.

보통의 경우 학기 첫날은 단계별로 공부 계획도 세우고 나름 열심히 노력할 각오를 세운다. 하지만 나태함에 대한 유혹으로 하루 이틀을 못 넘기고 내일 또 내일로 미루는 경우가 있다. 이것 역시 공부 버릇에 대한 문제이고 몰입을 통한 집중력이 부족한 탓이다.

몰입의 중요성 5가지

첫째, 몰입의 정도에 따라 학업의 성취도가 달라진다.

둘째, 몰입은 자기 스스로의 적극적인 노력으로 이루어
낼 수 있다.

셋째, 몰입은 오직 하나의 일에 모든 것을 집중하는 것이
다.

넷째, 공부에 대한 몰입에 적합한 주변 환경을 만들어 주
는 것도 매우 중요하다. TV 또는 가족 관계, 컴퓨
터, 공부방 위치, 친구, 자신의 성격이나 관심 분
야, 휴대전화 등 몰입하는데 방해되는 요인들을 찾
아내어 과감히 제거하는 것이 필요하다.

다섯째, 공부는 양보다 질이 중요하고 이것은 몰입을 통
해 도달할 수 있다.

집중력 있게 공부하기

사람이 집중할 수 있는 시간은 20분 정도이다. 라디오나 TV 방송도 20분 단위 프로그램이 일반적이다. 20분의 배수 형태로 20분, 40분, 60분 단위의 프로그램을 운영하는 것은 인간의 집중할 수 있는 시간과 연관이 된다고 한다.

집중력이 약해 쉽게 지루함을 느끼는 학생은 20~30분 간격으로 두세 과목을 번갈아 가며 공부하는 것도 좋은 방법이고, 오른쪽 뇌를 주로 사용하는 국어, 예능, 사회 과목 등과 왼쪽 뇌를 주로 사용하는 수학, 과학 등의 과목을 번갈아 가며 공부하면 좌·우 뇌의 균형적 개발을 통해 영재가 될 수 있다.

오랜 시간 공부를 해서 집중력이 떨어지면 그 이상 새로운 진도를 위해서 공부를 진행하는 것이 아니라 지금까지 공부하면서 외우고 정리했던 앞의 내용들에 대해서 다시 살펴보는 것도 좋다. 집중력이 떨어져 있는 상태에서는 새로운 공부를 한다고 해도 능률이 오르지 않기 때문이다.

인간은 외부로부터 받은 자극이나 자료를 외우고 반복해서 암기를 하는 방식으로 기억 속에 저장을 하지만, 컴퓨터와 같은 저장 장치의 기계가 아닌 이상 시간이 지나면서 점차 기억 속에서 사라지고 잊어버리게 된다. 따라서 외부나 내부로부터 오는 방해 자극들을 이겨내면서 학습에 몰두할 수 있도록 집중력을 향상시켜야 한다.

수업 시간에는 선생님의 강의 내용 이외에도 수많은 정보가 들어오게 된다. 운동장에서 들리는 학생들의 체육 활동 소리, 새소리, 다른 반에서 들리는 소리 등 우리 귀에 들리는 소리가 많다. 이처럼 외부에서 발생되는 방해 요인들을 '외부 방해 자극'이라고 하며 외부 방해 자극의 대표적인 예로 TV, 전화 소리 같은 각종 소음과 조명, 냄새, 책상과 의자 등 환경적 요인을 들 수 있다.

이와는 반대로 자신의 심리적 상태에 의해 발생되는 방해 요인들이 있다. 수업 시간에 갑자기 어제 보았던 영화 장면이 생각난다거나 오늘 저녁에 어떤 반찬이 나올지와 같은 잡생각을 '내부 방해 자극'이라고 한다. 내부 방해 자극은 아토피나 알레르기 비염, 피로, 스트레스와 연관된 질병, 고민, 교과목에 대한 흥미 저하 등 심리적, 신체적 요인이 해당된다.

따라서 학생들이 중요하지 않은 정보를 흘려버리고 선생님의 강의에만 주의를 집중하는 노력이 필요하다. 이처럼 송가네 자기

주도 학습자가 되기 위한 첫걸음이 바로 주의 집중력을 향상시키는 것이다.

그렇다면 주의 집중력을 향상시키기 위한 방법으로는 어떤 것이 있을까? 먼저 자신이 어떤 요소들에 의해 집중력을 방해받는지 살펴보고 이를 차단하거나 이겨내도록 해야 한다. 주의 집중이 잘 안 된다면 어떤 원인에서 집중이 깨지는지 파악해 보아야 한다. 언제 집중이 흐트러지고, 그 이유가 무엇인지 기록한다.

집중력을 방해하는 자극이 무엇인지 알았다면 집중력을 향상시키는 방법을 찾아보자.

외적인 요인에 의해 주의 집중이 방해될 때의 전략은 긍정적인 학습 환경을 만듦으로써 집중력을 개선시킬 수 있다. 그리고 외적인 산만한 요인을 통제하는 최고의 방법은 그것을 제거하는 것이다.

첫째, 최적의 학습 장소를 선택한다. 일반적으로 사람들에게는 집중이 잘되는 장소가 있다. 예를 들어 도서관, 독서실, 학교, 집, 빈 교실 등 다양하다. 자신에게 집중이 잘되는 학습 장소를 찾았다면, 이제 규칙적인 일과를 정해 그곳에서 공부한다.

둘째, 적절한 거절이 필요하다. 친구와의 놀이나 대화 등으로 공부 시간이나 주의 집중의 방해를 받는 학생들이 많다. 그럴 때는 친구와의 관계가 나빠지지 않는 범위에서 적절히 거절하고, 친구와의 대화나 놀이를 연기하는 지혜를 가져야 한다.

셋째, 주의 집중에 도움이 되는 학습 도구들을 사용한다. 예를 들어 특별히 자신이 공부할 때 편안하게 느끼는 의자, 공부할 때 신는 신발, 색깔 펜이나 필기용 펜 등은 공부 모드로 들어가는데 도움이 되고 집중력을 높일 수 있다.

넷째, 전반적인 공부 환경을 변화시킨다. 책상은 벽에 붙여 공부할 때 시선이 벽을 향하게 한다. 공부방의 사진이나 그림, 기념품, 장식은 책상과 반대편 벽에 두고 공부에 방해되지 않게 한다. 책상은 공부에 필요한 것만 둔다. 침대에서 누워서 공부하는 것은 잠에 빠지기 쉬우므로 피해야 한다.

다섯째, 기타 주변 환경 요소들의 적절한 사용과 관리를 한다. TV, 음악, 컴퓨터를 효과적으로 관리하여 집중을 잘하도록 한다.

내적인 요인 때문에 집중이 곤란할 때의 전략은 우선 '주의 집중 체크표'를 만든다. 책 옆에 종이 한 장을 준비해 놓고 딴생각이 날 때마다 종이에 표시를 하는 것이다.

🌐 주의 집중 체크표

월

일자	주의 집중 과목	주의 집중도 체크		
		집중 성공	집중 실패	실패 원인
1	수학	✓		
2	수학		✓	공식이 이해 미흡
3	수학		✓	응용 문제 풀기 어렵다
4	수학	✓		
5	수학		✓	TV 소리가 너무 크다
6	수학		✓	동생들이 시끄럽게 논다
30	수학	✓		
31	수학	✓		

주의 집중 계획의 재작성	
집중 과목	집중하기 위한 요건 및 방법
수학	공식의 정확한 이해가 필요한 상황, 수학 단기반 학원 수강 예정
	※기타사항 : 공부할 때 가급적 거실에서 TV 시청 자제
	(PM 8시~10시 30분)
	동생들도 거실이 아닌 자신들의 방에서 놀게끔 하기

첫 번째는 표시한 개수가 많지만 차츰 개수가 적어지는 것을 발견할 수 있고, 주의 집중 체크표는 자기 관찰을 도와준다. 집중이 중간에 깨지는 것을 기록하다 보면 언제 주의가 산만해지고, 얼마나 자주 그런 행동이 나타나는지, 또 무엇 때문에 그렇게 되는지 관찰할 수 있다.

두 번째는 '걱정거리 기록판'을 만드는 것이다. 머릿속을 떠나지 않고 괴롭히는 걱정거리들은 공부에 몰두하지 못하게 하는 주요 원인이다. 신경 쓰이는 생각 때문에 집중이 자주 깨진다면, 빨리 걱정거리 기록판에 그 내용을 적는다. 괴로운 생각을 표현하고 나면 조금은 가벼운 마음으로 공부에 집중할 수 있다.

스트레스 해소법

스트레스란 무엇인가?

스트레스는 단순히 환경에 대한 개인의 상호작용이다. 즉 스트레스란 개인의 능력이나 자원 한계를 벗어나는 위협적인 환경적 요구에 봉착한 개인이 경험하는 긴장 상태로 정의할 수 있는 것이다. 스트레스는 개인에게 지나친 심리적, 물리적 요구를 가하는 외부 환경적 행동, 상황이나 사건의 결과로서 발생하는 것이다.

스트레스 상태가 점점 명확해지는 생리적 반응을 일반적응 증후군이라고 하는데, 이는 경고 단계, 저항 단계, 소진 단계의 세 단계를 거친다고 한다.

경고 단계에는 외부의 자극에 신체가 반응하게 되는데 이에 따라 호르몬이 분비되고, 심박수 혈압이 증가하는 등 많은 심리적, 화학적 반응이 나타난다. 쉬운 예로 외부 자극에 의해 흥분되는 상태를 생각하면 좋다.

스트레스가 계속 지속된다면 우리의 몸은 저항 단계로 옮겨 가게 되는데, 신체는 스트레스의 충격에 대비하는 데 필요한 내부 기관이나 체제를 모음으로써 신체의 항상성을 유지하려는 노력이 이루어진다.

주로 하나의 요인에 대해 많은 저항을 하며, 다른 요인에 대해서는 거의 저항이 없게 된다고 한다. 이것은 극심한 감정적 긴장 상태를 경험한 후 종종 몸살 등의 다른 질병에 걸리는 것을 생각하면 쉽게 이해할 수 있을 것이다.

스트레스가 장기간 지속되면 두 번째 단계의 적응기제適應機制가 고갈되고 소진 단계로 들어간다. 소진이란 기능 저하와 유사한 상태로써, 보통 직무와 관련되어 육체적 피로, 수면 방해, 업무에 대한 긍정적 강화 요인의 결여, 무력감, 그리고 직무와 관련된 일에 대한 냉소적 태도 등의 특징을 갖는 증후군을 말한다.

스트레스가 일시적이고 그 강도가 세지 않다면 대부분의 사람들은 스트레스의 영향을 금방 해소할 수 있을 것으로 문제가 되지는 않는다. 하지만, 반대로 장기간 지속되는 스트레스는 신체적, 심리적 무리를 주게 되는데 이를 소진이라 말한다.

일반적으로 우리가 말하는 스트레스는 이 정도의 단계를 거친다. 이 스트레스는 우리에게 나쁜 영향만을 주는 것일까? 아니면 우리에게 어떤 작용을 하며 학습을 하는데 어떤 이유로 생기며, 어떻게 작용하며, 어떻게 관리해야 하는 것일까.

자녀뿐만이 아니라 학부모에게도 자녀의 학업으로 인해 나타나는 스트레스를 간략하게나마 알고 관리할 수 있는 방법을 모색해 보아야 한다.

　일반적으로 사람은 사회적 동물이라고 하고, 인간은 혼자서는 살아갈 수 없다고 한다. 일반적인 스트레스는 본인 스스로의 문제, 사람과의 관계, 사회와의 관계 등이 요인이 될 수 있지만, 바꾸어 생각해 보면 그런 요인이 스트레스를 해결해 줄 수 있는 방법이 될 수도 있다.

　쉽게 말해 사람은 누군가가 자신을 지지해 준다는 사실을 알면 그 자체로 큰 힘을 얻게 되는 경우가 있다. 스트레스에 대처하는 방법에 있어서도 마찬가지다. 주변 사람들의 사회적 후원은 친구나 가족, 동료나 선생님이 보여주는 진정한 걱정, 존경, 그리고 관심을 의미한다. 이러한 후원은 개인이 심각한 스트레스에 직면할 경우에 자신이 혼자가 아니라는 감정을 갖게 함으로 스트레스에 대처하는 큰 힘이 된다.

　"어린 자녀나 청소년기의 자녀 모두 사회적 후원을 받고 있다는 느낌을 강하게 받을 수 있도록 만들어 주십시오."

　유대인은 자녀가 잘못을 했을 때에도 "너를 믿고 지지한다."라고 말한다고 한다. 그런 믿음과 지지를 받으며 자신을 소중한 존재라고 인식하고 어떤 일도 스스로 헤쳐나갈 수 있는 자아를 확립하게 된다.

반대로 사회적 후원이 결여된다면 사람은 소외감을 느끼게 되는데 일상생활에서 대부분의 스트레스는 이러한 소외감으로부터 나온다. 자신을 누구도 지지하지 않고 믿어주는 사람이 없다면 누구라도 생의 가치에 대해 생각해 보지 않을 수 없을 것이다.

당연히 모든 것에 대해 불만과 자신을 보호하고자 정상적이지 않은 반응을 보일 확률이 높다. 이는 다시 역반응을 일으킬 것이고 악순환의 연결로 이어지게 된다.

다른 예로 개인적 스트레스로는 각 개개인이 많은 역할을 가지고 있기 때문에 나타난다.

역할 갈등이란 개개인에게 자신에 대한 기대가 여러 가지 방향에서 올 때 느끼는 스트레스를 말하는데, 이럴 때 개인은 무엇을 수행해야 할지 모르게 되고 기대를 충족시킬 수 없게 된다. 청소년기의 자녀라면 이러한 상황을 많이 느끼고 극복하려고 노력을 하고 있다.

이는 지나친 기대, 과잉 보호, 자신감 부족 등의 이유로 발생하는데, 이를 자연스럽게 관리하며 넘기는 것 또한 어른이 되어가는 한 과정일 뿐이라는 것을 부모들이 잘 이해할 수 있도록 도와주어야 한다.

또 역할 모호성이란 형태로 분류할 수 있는 스트레스도 있는데, 역할의 정의에 대한 불확실성, 즉 역할에 대한 타인의 기대에 대한 불확실성을 말한다. 이는 개인의 역할과 관련된 충분한 정보나 지식이 결여되었을 때 나타나는데, 부적절한 교육, 빈약한 의사소통, 동료나 선생님에 의한 왜곡으로부터 나오기도 한다. 이는 매우 심각하게 자녀의 정신을 힘들게 만들 수 있다. 다시 말해 명확하지 않은 소통, 서로 이해하지 못한 상태에서 미루어 짐작으로 '그러겠지'라는 선입견으로 인해서 일어나는 모든 문제들을 포함하는 내용이다. 이는 학생 자신의 문제로는 소극적인 태도가 원인이 될 수도 있지만, 대부분은 외적인 원인, 부모님과의 대화 부족, 선생님의 선입견과 소통 부족 등의 이유가 더 많은 부분을 차지하게 된다.

스트레스는 정도에 따라서 도움을 줄 수도 해를 끼칠 수도 있다. 스트레스가 전혀 없을 때 사람은 도전이 없게 되고 성과 또한 미미하게 나타난다. 어느 정도는 스트레스가 증가함에 따라 사람들은 자신의 일을 수행하기 위한 자원을 동원하게 되고 성과도 나타나게 된다. 이때는 스트레스가 긍정적으로 작용한 것이다. 하지만, 이 고점을 지나면서 스트레스는 성과를 방해하기 시작하면서 줄어들기 시작한다. 그러니 스트레스의 부정적 효과가 나타나기 전에 사람들이 참을 수 있는 수준인 스트레스 한계점을 적절히 이용한다면 시간 대비 극대화된 효과를 볼 수 있는데, 이는 개인차를 민감하게 고려하여야 한다.

사람마다 스트레스 상황에 대한 인내 정도는 각기 다양하게 나타난다.

스트레스를 현명하게 관리하는 4가지 방법

첫째, 운동

학창 시절 규칙적인 운동은 근육 긴장과 고조된 정신적 에너지를 경감시키고 스트레스의 부정적 효과를 감소시켜 준다. 산책, 수영, 자전거 타기 같은 비경쟁적인 육체적 활동이 좋다.

둘째, 긴장 이완 훈련

긴장 이완 훈련의 직접적인 목적은 직접적인 스트레스 상황을 제거하거나 그 상황을 효과적으로 관리하는 것이다. 일반적으로 명상, 호흡, 요가 등이 있는데, 최근에는 명상에 대한 효과가 높은 것으로 알려져 스트레스 증후군을 감소시키는 데 많이 이용되고 있다.

셋째, 행태적 자기 조절

자신의 행동을 조심스럽게 관리하며, 자기 조절력을 키우는 것을 말한다. 이는 상황을 자신의 통제 하에 둔다는 것을 의미하는데, 자신의 한계를 인지하고 실현 가능한 목표 설정과 융통성 있는 계획과 관리를 하는 것이다. 우리의 학습법과 상당히 같은 방향을 지향하고 있는 스트레스 해소법이라고 말할 수 있다.

넷째, 네트워킹을 통한 방법

이는 자신의 문제, 위협 요인, 좌절과 불안을 타인에게 개방하고 자유롭게 상의함으로써 후원을 의도적으로 구축하는 방법으로 스트레스의 충격을 크게 감소시킬 수 있다. 이러한 전략은 스트레스에 잘 대처하는 데 도움을 줄 뿐만이 아니라 효과적이고 성공적인 결과에도 도움을 줄 수 있다. 이러한 관리 전략을 적절히 사용한다면 스트레스는 긍정적인 방향으로 자녀의 능력 향상에 도움을 준다.

몰입화의 새로운 방법-한글라온

나는 이 책을 펴낸 후 장우용 교수와 《송가네 명상 공부법》이란 책을 내기로 했다.

'기역', '니은', '디귿', '리을', '아 야 어 여' 짧고 길게 눈 감고 귀 막고 발음하는 것이 정신을 안정시켜 주고 뇌의 집중력 향상에 도움이 된다니 도깨비 같은 이야기이다. 그러나 사실이다. 부산대 의과대학에서 확실한 임상결과가 나오고 있고 세계적인 반향을 일으킬 것이라는 평이 확산되고 있다. 내용은 다음과 같다

안녕하세요?

장용우의 한글라온(한글소리운동)을
소개할 도깨비!
(공부잘하는 방망이 아니죠?)
깨비라고 해요!
자~ 지금부터 잘 따라오세요~

여러분~
깨비가 알려줄께요!

1. 한글라온이란?

'라온' 이란 순우리말로
'즐겁다, 기쁘다.' 라는 뜻이에요!

2. 한글소리가 우리몸을
운전한다는 사실! 아시나요?

한글은 소리음에 따라 우리의 몸과 마음 그리고~
정신을 안정시켜 주므로 공부를 할때 뇌의 집중력
향상에 도움을 주는 아주 탁월한 운동법이에요!

꼭! 알아두면 좋아요!
자음은 대뇌를 진동시키고,
모음은 쇠뇌를 진동시켜줘요!

263

ㅑ ㅕ 모음 읽기편

한번더♡

ㅏ
아 ㅑ
  야 ㅓ
    어 ㅕ
     여 ㅗ
      오 ㅛ
       요 ㅜ
        우 ㅠ
         유 ㅡ
          으 ㅣ
           이

3초음, 6초음, 9초음

3초음 : 3초동안 자음이나 모음을 소리하는 시간을 말해요.

근육에 힘을 키워주는 3초음은 복부에 힘을 주고, 힘있게
자음과 모음을 발음하는 것이에요

6초음 : 6초동안 자음이나 모음을 소리하는 시간을 말해요.
장기의 힘을 키워주는 6초음은 허리를 바르게 세우고
해야 하지요

9초음 : 9초동안 자음이나 모음을 소리하는 시간을 말해요.
신경을 발달시켜주는 9초음은 눈을 감고 배를 최대한
위로 당기면서 자신의 소리에 집중하면서
해야하지요

♪3초음, 6초음, 9초음♪

깨비와 실습해볼까요?

준비운동
- 눈뜨고 소리하기
심장에 손을 대고 복부에 힘을주며 3초음, 6초음, 9초음
으로 힘있게 자음과 모음소리를 힘있게 해준다

심장을 편하게 하는 운동
- 눈감고 발성하며 소리듣기
심장에 손을 대고 눈을 감아준 뒤 3초음, 6초음, 9초음
으로 자음과 모음소리를 해준다
(TiP) 소리음에 따라 몸에 힘이 들어가는것을 느껴주세요

귀를 발달시키는 운동
- 눈감고 귀막고 발성하며 소리듣기
눈을감고 중지를 이용해 귀를 막아준 후 3초음, 6초음, 9초음
으로 자음과 모음소리를 해준다

논리화

기적의 송가네 공부법

자투리 시간을 잘 챙겨라! 자투리 시간은 다이아몬드 광석 같은 것이어서 버리면 그 가치가 영영 묻혀버린다. 그 대신 잘 닦아 가꾸면 유용하게 쓸 수 있는 가장 화려한 보석이 된다.

-에머슨 (1803~1882)

논리적 사고의 기본
- 반드시 변학도가 나타나야

논리적 사고는 훈련을 통해서만 가능하다. 인간은 주의를 기울이지 아니하면 감정 주도적이고 자기중심적인 사고를 하기 일쑤다. 즉 비논리적으로 흐르게 된다. 논리의 기본적인 흐름은 어렸을 때, 학생 때부터 훈련시킬 필요가 있다.

먼저 잘 알려진 '기승전결'의 흐름이다.

> **기** - 문제를 제기하고 자기주장을 한다.
>
> **승** - 왜 이런 주장을 하게 되었는가의 근거를 대고 이를 강조한다.
>
> **전** - 그렇게 되지 않았을 경우 일어나는 부정적인 결과와 자기의 주장에 반대하는 측의 주장이 틀렸음을 이야기한다.
>
> **결** - 원래의 주장을 다시 강조하며 마무리한다.

이렇게 되면 한결같은 논리정연한 글 또는 주장이 된다.

우리는 《춘향전》이라는 우리나라의 뛰어난 사랑의 고전을 잘 알고 있다. 여기에서 논술과 관련하여 무엇을 느꼈는가?

만일 논술이 이렇다면 어떨까?

"이몽룡과 춘향이 광한루에서 만나고 그네 타는 데서 만나고 서로의 필이 꽂혀 사랑하게 되었다. 그래서 춘향집 장모 월매 앞에서 물 떠놓고 결혼식을 하고 동침하고 애 낳고 잘살았다."

이렇다면 이런 논술이 무슨 의미가 있겠는가?

최하점을 면치 못한다. '기승전결'에서 전에 해당하는 "변학도가 나타나야 한다." 이로써 이몽룡과 춘향의 사랑이 증명되고 최고의 사랑 이야기가 되는 것이다.

다른 하나는 의사 결정decision making의 기본 흐름이다. 인생은 어찌 보면 의사 결정의 과정이다. 의사 결정을 잘해가는 사람이 결국 성공하는 것 아니겠는가?

이 흐름은 다음과 같다.

먼저 문제 해결을 위해 어떠한 주장을 하려면, 관련되어 있는
현황이 어떠하며, 문제가 무엇인지를 제기해야 한다. 달리 말하자
면 해야 할 일이 무엇인지 과제를 말하는 것이다.

첫째, 이 문제와 관련된 지식, 정보를 수집하고 분석한다.
둘째, 지식과 정보를 토대로 문제 해결을 위한 대안들을
　　　만들어야 한다.
셋째, 어느 대안이 가장 적절한 최선의 대안인지를 가려내
　　　어 선택해야 한다. 즉 결정을 내리는 것이다.

예를 들어 서울 강남역에서 부산 해운대까지 가려는 것이 과제
라고 하면, 아래와 같은 여러 가지 대안이 있을 수 있다. 이 외에

도 도보, 자전거, 오토바이 등 여타 여러 조합이 있을 수 있다.

어떤 대안을 선택해야 할까.

두 가지 기준을 세울 수 있다.

하나는 소망성desirability이고 다른 하나는 실현 가능성feasibility이다. 가장 소망스럽기는 헬리콥터를 타고 가는 것이다. 빠르게 바로 갈 수 있기 때문이다. 그러나 엄청난 돈이 든다. 실현 가능성에서 점수가 낮다. 그렇다고 완행열차나 역에서 역까지 버스를 이용하면 실현 가능성 점수는 높지만 시간이 오래 걸리므로 소망스럽지 못하다. 이 두 기준 점수를 합하여 최고 점수의 대안을 선택하는 것이다.

논술의 문맥 전체에서 이런 흐름이 확실히 드러나야 한다.

어떤 문제에 대한 대안 a, b, c, d 가 있다 하자. 어느 대안이 소망스러운가?

또 실현 가능한가를 보고 평가하여 결론을 내야 한다.

이해하면서 공부하기

사회, 과학, 역사 등 대부분의 학습 내용은 원인과 결과의 인과 관계로 구성되어 있다. 과학이나 수학뿐만 아니라 사회와 국사나 세계사도 인과관계로 구성된 학문이며, 역사와 세계사 과목은 한 사건이 다른 사건의 원인이 되고, 다른 사건의 결과가 또 다른 사건의 원인으로 이어진다. 이러한 인과관계의 이치를 깨닫는 것이 바로 이해라는 것이다.

즉 A 사건이 B 사건의 원인이 되고, B 사건은 A 사건의 결과가 된다. 또 B 사건도 또 다른 C 사건의 원인이 된다.

이러한 인과관계의 이치를 알면서 공부를 하면 재미있고 쉽게 이해가 될 것이다. 이해가 되면 암기해야 할 내용이 상당히 줄어 들게 되어 있다.

그런데 공부 못하는 학생들의 공통점 중 하나가 무턱대고 공부하는 데 있다. 이는 인과관계에 의한 이해를 생략한 공부 방법으로 공부 효과를 거둘 수 없는 비효율적인 방법이다. 무턱대고 공부하는 것은 시간과 노력의 투입에 비해 성적 향상은 될 수 없는 공부 방법이기 때문이다.

원인과 결과를 따져 가면서 침착하게 공부하면 거의 대부분의 교과 내용이 이해가 되며, 또한 이해가 된 내용은 대부분 암기할 필요가 없다.

그러나 인과관계를 생각하지 않고 무턱대고 공부를 하면 이해가 되지 못한 상태에서 암기를 하기 때문에 암기를 하더라도 기억이 오래가지 못하고 응용 문제는 해결할 수가 없다.

'총의 발명은 기사 계급의 몰락을 가져왔다'를 생각해 보자.

《삼총사》에 나오는 달타냥D'Artagnan이 십여 년간 칼솜씨를 닦아 검술의 도사라 해도 멀리서 쏜 총알 한 방이면 끝이라고 했다면, 여기서 '총의 발명 → 기사 계급의 몰락'은 외울 필요가 없다. 이해하면 그것으로 되는 것이다.

'산업혁명*'으로 인해 토지가 많은 귀족층보다는 도시에서 공장을 갖고 있거나 장사를 하는 사람들이 경제를 주도하게 되었다. 이러한 경제권을 바탕으로 힘이 커진 신흥 부자들은 자신의 권리를 확보하는 과정 속에서 시민혁명이 시작된 것이다. 결국, 이로 인해 전통적 귀족의 몰락을 가져와 시민사회가 형성될 수 있었

다.'

이 내용 역시 원인과 결과로 구성된 내용이다. 자세하게 읽어
나가면서 인과관계를 생각하면서 이해를 한다면 이것 역시도 암
기할 필요가 없는 내용이다.

국제화

기적의 송가네 공부법

행복으로 가는 길은 두 가지 원칙 위에 놓여 있다. 자신을 좋아하고 자신이 잘할 수 있는 것을 찾은 다음, 거기에 혼신을 다 바치는 것이다. 자신이 가진 에너지, 야망, 그리고 타고난 재주 등을 하나도 남김 없이.

-존 D. 록펠러 3세(1906~1978)

영어는 영원히 오를 수 없는 산인가?

나는 영어 공부를 열심히 한 학생이었다. 전술했다시피 고교 재학 시절 《성문종합영어》를 연습문제만 빼고 거의 다 암송하였다. 대학 재학 시에는 영어 경시대회에 나가 3등을 하기도 했고, 고시 1차 시험에 영어 점수가 괜찮아 덕을 보기도 했다. 그러던 내가 주미한국대사관에 외교관으로 나갔을 때 비참한 경험을 겪었다.

미국에 간지 1년이 지났을까 아들 둘과 같이 TV를 보고 있는데 무슨 재미있는 이야기가 나왔는지 두 아들은 키득키득 웃었다. 그런데 나는 아들들이 왜 웃는지도 알지 못하고 앉아 있었다. 비참했다. 영어는 영원히 오를 수 없는 산으로 느껴졌다.

공정위 총무과장 시절, 신임 공무원들을 훈련시키는 교육 과정에 일과 시작 전 아침 일찍 영어 공부를 시키는 프로그램이 있었다. 처음 시작하는 날, 나는 신임 공무원들에게 이런 자극적이고 심한 이야기를 했다.

"지금은 국제화, 세계 지구촌의 시대이다. 이 지구촌의 언어는 영어다. 따라서 영어를 할 줄 아는 사람은 사람이고 영어를 못하는 사람은 말을 못하는 것이므로 짐승 아니면 물체다!"라고.

어떻게 해야 영어를 잘하여 사람이 될 수 있겠는가? 아니, 사람 대접을 받을 수 있겠는가.

반기문 유엔 사무총장과 함께

영어로 과감하게 말하라

눈만 뜨면 나타나는 새로운 영어 공부 방법은 말기 암의 특효약
만큼 많다. 대한민국에 영어 전문가라고 자칭하는 사람들은 많지
만, 그들 거의 대부분이 영어권에 살다 보니 국내에서 사용되는
영어 교재의 대부분은 원어민의 관점에서 써졌다. 한국 사람한테
절대적으로 필요한 영어로 말할 기회를 봉쇄한 채 영어 교육을 하
고 있는 실정이다. 원어민들이 어떻게 우리의 고충을 알겠는가.
사실 우리 국민은 천문학적인 돈을 매년 자녀들의 영어 교육에 소
비하고 있다. 몇 해 전 영어 교육비로 15조 원의 돈이 지출되었는
데 토플 점수 순위가 전 세계 국가 중 114등이라는 통계도 있었
다. 마치 밑 빠진 양동이로 물을 길어 나르듯 시간과 돈과 노력이
낭비되고 있는 것이다.

수백 개씩 외운 단어들은 일주일도 안 되어 잊어버리고, 기억에
남은 단어조차 활용이 안 된다. 모든 영어 문장은 오직 문법 이론

을 통해서만 접근하려 하고, 영어 문장을 우리말로 옮기기에 급급한 나머지 이해한 문장의 내용을 영어로 표현하기는 거의 불가능해 보인다. 공교육으로 6년 넘게 영어 교육을 받지만 학생들의 영어 구사 능력은 토막 영어 수준을 크게 넘지 못한다. 조기교육으로 인해 영어에 대한 혐오감을 느끼는 학생들도 적지 않은 현실을 볼 때 문법 중심으로 영어 교육을 하는 소모적인 영어 공부 방법은 더 이상 계속되어서는 안 될 것이다.

내 막내아우 송영길은 미국 유학을 다녀오지 않았다. 미국 뉴저지 주 민주당 메넨데스 상원의원의 초청으로 송영길과 같이 2006년 초 미국에 간 일이 있었다. 이때 많은 상원의원들을 만났다. 그중 버락 오바마 상원의원도 있었다. 송영길은 많은 상원의원들과 자연스럽게 이야기했고, 특히 버락 오바마하고는 많은 이야기를 나누었다. 버락 오바마 상원의원이 지은 책 《담대한 희망The Audacity of hope》에 대해서도 이야기하고 있었다. 다음 날, 송영길은 나와 같이 상원의원 회관을 방문하여 메넨데스 상원의원과도 40분 정도 깊은 이야기를 나누었다. 영어 구사와 영어로의 소통에 아무런 문제가 없었다. 전혀 내가 도와줄 필요가 없었다. 나는 놀랐고 경탄했다. 송영길에게 영어를 잘하게 된 동기를 물었더니 외국인 앞에서 주뼛주뼛하지 않고 아는 단어를 이용하여 익숙한 문장 형식으로 마구 말했다는 것이다. 이때부터 자신이 붙었고 영어가 늘었다고 했다. 문법으로 영작을 하여 말하려고 하지 않고 평소 익혔던 영어 문장의 틀에 맞춰 자연스럽게 이야기하는 것이 바로 영어 실력 증진의 첫걸음이다. 몇 개의 단어를 조합하여 만드는 토막 영어가 아니라 언어 습관에 의한 저절로 나오는 영어야말로 송가네 공부법이 추구하는 목표이다.

막내아우 송영길과 함께

영어를 잘할 수 있는 5가지 방법

송가네 영어 공부법의 요체는 효율과 속도에 있다. 최소한의 비용과 노력으로 최대의 학습 효과를 거두는 것이 경제 원리에도 맞다. 하지만 우리의 현실은 어떠한가? 학생들은 학교와 학원을 오가며 비싼 교육비를 지불하면서 영어 교육을 받고 있는 형편이다.

해마다 천문학적인 돈이 외국 유학, 외국 영어 연수, 그리고 영어 사교육비로 지출되고 있다. 국민은 이것을 감당하느라 신음하고 있는데 날이면 날마다 사교육비 절감을 외치고 있는 정부나 교육 관계자들은 이렇다 할 대책을 내놓지 못하고 있다.

영어는 이론적 연구 대상이 아니라 의사소통의 도구일 뿐이다. 지금까지 대한민국 영어 교육의 핵심은 문법 이론 교육이다. 물론 모국어가 아니기 때문에 불가피한 측면도 있지만 우리가 언제 국문법에 통달하고 나서 우리말을 배웠던가! 우리에게 국문법은 학창 시절에 시험을 위해서 필요했고, 지금은 우리의 언어 습관과 어우러져 일부가 머릿속에 저장되어 있을 뿐이다. 완전한 국문법 지식이 필요한 사람은 학자나 교육 주체일 것이다. 마찬가지로 원어민들도 영문법을 잘 알지 못한다. 단지 능숙한 언어 습관이 존재할 뿐이다. 따라서 문법 이론 교육은 보조적인 수단에 머물러야 한다. 중요한 것은 모든 학습 단계별로 그것이 단어든 문법이든 또는 읽기든 말하기든 '언어 습관에 의한 영어의 이해'라는 측면에서 접근해야 한다.

한 학생이 10개의 단어를 암기했다고 가정해 보자. 과연 그 학생이 암기한 단어를 자유자재로 구사할 수 있을까?

그 대답은 당연히 'No'이다. 적어도 한국 학생들에게는 단어를 외운다는 것과 그 단어를 구사한다는 것은 전혀 별개의 문제인 것처럼 보인다.

단어는 영어 문장을 구성하는 가장 기본 단위이다. 단어 학습에 문제가 있다면 언어 구사에 큰 장애가 될 것이다.

한국 학생들만큼 영어 단어를 열심히 외우는 학생은 세계 어디를 가도 찾아보기 어렵다. 이렇게 단어 학습에 쏟아 붓는 열정이 과연 효과가 있을까? 보통 학생들이 단어를 외울 때는 낱개의 단어를 외우기 일쑤다. 이렇게 외운 단어들은 기억 속에 일주일 이상 남아 있기가 쉽지 않고, 설사 남아 있다 하더라도 절대로 응용할 수 없다. 요즈음 통 문장을 외워야 한다고 주장하는 사람들이 있는데, 이것도 주입식 교육의 한계를 극복하지 못하는 것은 마찬가지다. 외운 문장을 잃어버리는 순간 모든 것이 의미가 없어진다. 결국 단어 학습법을 개선하지 않고는 절대로 영어를 정복할 수는 없는 것이다. 그러면 바람직한 단어 학습법은 과연 어떠한 것일까?

그 답은 바로 한 개의 단어를 외우더라도 활용 가능한 형태로 머릿속에 저장해야 한다는 것이다.

단어를 외울 때 명심해야 할 5가지는 아래와 같다.

첫째, 단어를 단독으로 외우지 말고, 의미를 느끼면서 chunk(문장의 일부분)나 문장으로 외운다. 특히 동사를 외우고 사용할 때 유용하다.

defeat 을 '패배시키다'라고 외우기보다는
You cannot defeat me.를 외운다.

cause를 '야기하다'로 외우기보다는
It causes fewer problems.를 외운다

allow 라는 단어를 외우기보다는.
It allows another person to come into your life.를 외운다.

여기서 allow 라는 동사의 의미를 아는 것은 물론 'allow ~to R' 의 활용까지 가능하게 된다.

둘째, 문장을 통하여 단어의 의미를 이해하려고 노력한다.

단어는 반드시 그 단어가 포함된 예문과 같이 학습한다. 한 예문이 되도록 많은 표제어를 담고 있을수록 효과적이다. 그렇게 되면, 문장과 상황 속에서 단어를 이해할 수 있게 되고 적은 수의 문장으로 많은 단어를 숙지하게 된다.

Teens who are addicted to computers often show a variety of symptoms.

이 문장을 통하여 학생들은 '관계대명사 주격'의 용법, addict의 의미뿐 아니라 'be addicted to R'의 활용 방법, 그리고 'a varity of' 와 'symtoms'의 의미 등에 자연스럽게 익숙해지게 된다.

셋째, 그 문장의 상황을 나타내는 그림, 사진 또는 영상을 보던지 혹은 상상하면서 문장을 외우는 것이다. 또한, 그림 또는 사진만을 보고 영어로 표현하는 훈련을 한다.

In my experience, most people are far more productive in the morning, but there are those who differ and hit their stride later in the day.

내 경험으로, 대부분의 사람들은 아침에 훨씬 더 생산적이지만, 이와 다르게 하루의 후반부에 본래의 컨디션을 되찾는 사람들이 있다.

hit their stride를 외울 때, 사람들이 뭔가를 의욕적으로 치는(hit) 모습 혹은 성큼성큼 활보하는 모습을 상상하면서 외운다.

넷째, 영어식 사고에 익숙해질 필요가 있다.

특정 상황을 표현할 때 먼저 우리말로 생각하고 영어로 번역하는 단계를 밟는 게 아니라 실제로 원어민들이 그 상황을 표현하는 방식대로 따라가는 것이다.

예를 들어, '명성이 자자하다'라는 말을 하고 싶을 때, 사람들은 보통 '자자하다'가 영어로 뭐지? 하고 고민한다. 'have a great reputation(훌륭한 평판을 가지고 있다)'라는 표현에 이미 익숙해져 있는 사람에게는 'He has a great reputation'이라는 표현이 저절로 나오게 된다. 이처럼 영어식 사고에 익숙해지기 위해서는 많은 문장 표현들을 활용 연습을 통하여 체계화시키는 훈련이 필요하다.

cf. 'reputation'이라는 단어를 학습할 때 반드시 'have a great

reputation (for)'를 동시에 학습하고

I have a reputation.

She has a reputation

They have a reputation

The company has a bad reputation for products.

상기 예문처럼 다양하게 훈련하는 과정이 필수적이다.

다섯째, 문장 응용 연습이다. 다른 단어를 사용하여 문장 치환
연습을 한다.

How are you?

(your parents)

How are your parents?

(your brother)

How is your brother?

(was)

How was your brother?

(your friends)

How were your friends?

(the final exam)

How was the final exam?

    이상의 과정들이 얼핏 보기에 복잡하게 보일지 모르지만 오히려 훨씬 효율적이다.

    통상 열 단어를 공부하기 위해 열 개의 예문을 따로 공부해야 하지만 송가네 공부법에서는 두세 문장이면 족하다. 그뿐만 아니라 이렇게 공부한 단어는 쉽게 잊어버리지 않고 머릿속에 활용 가능한 형태로 저장되어 언제든 마음껏 응용이 가능하다. 그러므로 영어 표현 능력이 단어 학습 단계에서부터 저절로 생긴다는 것이다. 결국, 따져보면 많은 시간을 낭비하지 않고 효율적인 학습을 할 수 있게 된다.

Shadowing 연습을 통한 언어 습관으로 문법 정복

　학생들이 학습한 한 단원의 문법 이론을 과연 실전에서 활용할 수 있을까? 물론 극히 제한적으로 그 문법이 단순한 것이라면 가능할 수 있다. 그러나 대부분 쉽지 않다. 문법 이론은 실제 표현 능력과는 다른 별개의 이론이다.

　문법은 언어 사용의 규칙이다. 올바른 언어 표현은 문법에 적합한 것이고, 그릇된 문장은 문법에 어긋난다. 그러나 언어 사용에 있어서 모든 것을 문법에만 의존한다면 표현 속도는 의사소통이 곤란한 정도까지 저하된다. 본능적으로 언어를 사용하더라도 문법을 제어하는 장치가 바로 언어 습관이다. 그렇다면 언어 습관을 기르기 위해서는 어떻게 해야 하는가? 모국어의 원리로 생각하자면, 당연히 많이 듣고 많이 말하는 것이다.

　하지만 우리나라의 환경에서 학생들이 많은 시간 동안 영어에 노출되기는 어렵다. 따라서 제안하는 방법이 바로 Shadowing 연습이다. shadowing은 '반 박자 늦게 따라서 하기'인데, 원어민의 음성을 그대로 반 박자 늦게 따라서 모방하는 것이다. 말의 빠르기는 물론이고, 어조와 느낌까지 그대로 따라하는 것이다. 이렇게 반 박자 늦게 따라하다 보면, 언어 습관이라는 것이 형성되고, 이론을 공부하기 이전에 언어 습관을 통해 영어에 접근하는 것이 가능해진다.

그러면 문법 이론도 훨씬 쉽게 이해할 수 있을 뿐 아니라 문법에 맞는 문장을 본능적으로 구사할 수 있는 능력이 생긴다. 한 단원의 중요 예문들을 먼저 구사하는 훈련을 한 이후에 문법 규칙을 학습하는 것이 바로 송가네 영어 공부법이 제시하는 문법 공부 방법이다.

해석하지 말고 영어 문장 자체로 이해하라

우리가 읽었던 그 수많은 영어 문장들은 과연 어디로 갔을까?

희미한 시골의 간이역처럼 한 번 지나치면 그만이다. 이것이 바로 문제 해결의 단서다. 만일 한 번 읽고 이해한 문장을 다시 기억하여 활용할 수 있다면, 그거야말로 영어 학습의 혁명적인 결과를 가져온다.

어떻게 하면 한 번 학습한 문장을 오래 기억할 수 있고, 그 문장을 어떻게 활용할 수 있을까? 많이 읽으라는 기존의 방법으로는 효과를 볼 수가 없다.

가장 바람직한 읽기 학습은 영어 문장을 우리말로 번역하여 해석하지 말고 영어 문장 그 자체로 이해하는 것이다.

오늘날 대부분의 영어 시험은 속도와 정확성을 측정하는 경향이 적지 않다. 영어를 영어로 이해할 수 있다는 것은 속도에서 경쟁자들을 압도할 수 있다는 말이다. 이러한 방식은 낱개의 단어를 우리말로 번역하여 암기하고 영어 문장을 문법 이론이라는 도구를 통하여 이해하려고 하는 기존의 학습 방식으로는 불가능한 이야기이다.

원어민이나 수년 동안 영어권에서 생활해 본 학생들만의 특권을 우리 자녀는 가질 수 없을까? 어휘 학습 방식을 개선하고 문법 이론과 더불어 언어 습관에 의한 문법의 이해라는 접근 방식을 받아들여야 한다. 읽기와 표현Reading & Expression을 동시에 학습하려고 노력한다면 그들만의 특권을 우리의 자녀도 누릴 수 있을 것이다.

즉 영어 지문을 공부하면서 그냥 읽고 지나치면 안 된다. 한 번 읽어본 지문은 반드시 보지 않고 소리 내어 그대로 말하는 연습을 해야 한다. 처음에는 다소 어려움을 느끼기도 하겠지만 나중에는 능숙해져서 어려움 없이 그대로 말할 수 있다. 결국에는 그 내용을 영어로 요약할 수 있는 단계에까지 이를 수 있다. 물론 그 과정에서 영어를 영어로 이해하려는 습관이 생기게 된다.

영어 구구단을 통한 치환 연습

우리가 아는 영어 지식을 10%만 말하기에 사용할 수 있다면 우리 국민은 비영어권 중에서 가장 영어를 잘하는 민족 중의 하나가될 것이다. 하지만 영어학 박사도 실용 영어에는 자신이 없는 게우리의 현실이다. 아마도 우리 모두의 바람은 우리의 자녀가 토막영어 수준에서 벗어나 자유롭게 의사 표현을 할 수 있게 되는 것이 아닐까 생각한다.

세상에는 영어 회화를 위한 교재나 학원, 그리고 방법이 많지만 이러한 교육 주체 모두 "왜 한국 사람이 영어를 못하는가?"라는 근원적인 질문에 대한 명확한 답을 제시하지 못하고 있다. 물론 그들 방식도 열심히 하면 언젠가는 도움이 된다. 그러나 우리자녀들은 시간과 싸우고 있다. 치열한 경쟁 속에서 한가하게 영어만 공부할 시간이 없는 것이 현실이다. 경험으로 미루어 볼 때 말하기 학습의 비결은 영어 표현의 응용 연습에 있다. 어떠한 교재나 학습 시스템이든 말을 응용하여 많이 할 수 있는 체계를 갖추고 있다면 그것이 바로 최고의 방법이 될 수 있을 것이다.

기존의 암기 위주의 학습이나 단순 반복 훈련 방식을 가지고서는 절대로 우리가 원하는 수준에 도달할 수 없다. 영어 회화 학습을 효율적으로 하기 위해서는 위에서 언급한 대로 모든 학습 단계에서 실용 영어로의 접근을 시도해야 한다. 근본적으로 문장 치환 연습Substitution Drill이야말로 가장 효율적인 방법이다. 최근에는 이러한 방법을 활용한 교재들이 많이 출판되고 있지만, 창의적 문장 치환 연습 수준에는 크게 미치지 못하는 형편이다.

한 가지 문장 패턴을 창의적 문장 치환 연습을 통하여 수십 수백 가지의 문장으로 생성한다. 이러한 방식으로 공부한 학생들은 유학파에 뒤지지 않는 영어 표현 능력을 갖게 된다. 간단히 말해서 특정한 문장 패턴들을 사전에 학습한 활용 가능한 단어나 어구를 활용하여 다양한 방식으로 반복적인 응용 연습을 하게 되면 탁월한 언어 구사 능력을 갖게 된다. 바로 이러한 훈련을 체계적으로 할 수 있는 구체적인 방법이 송가네 영어 공부법이다.

영어에도 구구단이 존재한다. 만일 우리에게 구구단이 없다고 한다면 어떻게 될까? '8×9 =72'이다. 72라는 숫자가 바로 나오지 않고 8을 9번 더해야 하지 않겠는가. 이 구구단에 해당되는 패턴 120개가 송가네 공부법 구구단이다. 이것을 문장 치환 연습을 하면 수없이 많은 문장이 만들어진다.

잘 듣는 것은 단계별 받아쓰기로

"듣기를 잘하려면 많이 들어라."

이것이 대부분의 전문가들의 일관된 처방이다. 당연히 틀린 말은 아니며, 계속 듣다 보면 언젠가는 들린다. 하지만 문제는 효율이다. 우리의 자녀들은 그 언제까지 기다릴 시간이 없다. 사실 영어를 듣다 보면 들리는 부분과 들리지 않는 부분이 있다. 그런데 들리지 않는 부분은 거의 소음과 다를 바 없다. 암세포를 죽이기 위해 방사선 치료를 할 때 종래의 방식은 암세포뿐 아니라 근처의 정상 세포까지도 모조리 죽이는 방식이다. 그러나 요즈음의 진전된 방식은 암세포만 골라서 살상하는 방식이다. 얼마나 다행스러운 소식인가!

듣기 학습도 마찬가지다. 들리지 않는 부분을 골라 집중적으로 학습한다면 시간을 크게 단축하여 효율을 높일 수 있다. 따라서 단계별 받아쓰기Dictation나 듣고 빈칸 채우기 훈련은 들리지 않는 부분을 집중적으로 공략할 수 있는 대단히 효과적인 방법이다. 송가네 영어 공부법에서는 받아쓰기에서 멈추지 않고 받아 쓴 문장을 가지고 말하기 훈련을 하는 것은 절대로 포기할 수 없는 덕목이다.

말하는 것과 쓰는 것은
동전의 양면과 같다

영어를 말로 하면 Speaking이며 글로 쓰면 Writing이 된다. 그런데 현재 교육은 Speaking과 무관한 Writing을 우리 자녀들에게 강요하고 있다. Writing도 개선해야 한다. 예를 들어 한 초등학생 엄마가 아이가 학원 숙제로 쓴 영어 일기장을 보고 마치 영어에 맺힌 한을 자식을 통하여 푼 것처럼 크게 기뻐하는 모습을 본 적이 있다. 너무 기쁜 나머지 "우리 아이가 영어로 글을 썼어요!"라고 외치며 자랑하고 있었다.

도대체 얼마나 잘 썼는지 궁금하여 그 일기장을 들여다본 순간 경악하지 않을 수 없었다. 사실 그 일기장에는 영어라고 할 수 없는 엉터리 문장으로 가득 차 있고, 어법에 맞는 문장이라고는 찾아볼 수 없었다. 엄마가 모르는 사이에 그 아이는 엉터리 영어에 점점 익숙해지고 있었다. 바로 말도 제대로 못 하고 영어의 패턴에 익숙하지 않은 아이에게 숙제라는 명목으로 쓰기를 강요한 결과이다. 만일 이 아이에게 체계적인 문장 패턴 훈련을 시킨 이후에 글쓰기를 요구 했더라면 훨씬 세련된 문장을 쓸 수 있었을 것이다.

근본적으로 쓰기를 잘하기 위해서는 쓰기뿐만 아니라 모든 학습 단계에서 실용 영어를 염두에 둔 교육을 해야 한다. 영어의 기본 골격이 머릿속에 확립된 이후에 본격적인 쓰기 훈련을 하는 것이 중요하다. 보다 차원 높은 쓰기를 위해서는 영어를 통하여 흡수한 배경 지식을 늘려나가야 된다. 글을 쓰고 난 후의 교정과 교정한 내용을 보지 않고 말하기 훈련을 하는 것은 필수적이며, 어릴 때부터 영어 독서 습관을 길러주는 것이 중요하다. 문장 속의 단어를 꼭 집어서 "이게 우리말로 무슨 뜻이야?"라고 묻는 오류는 절대로 범하지 말아야 한다. 우리나라 동화책에서 '사물함'이라는 단어와 영어 동화책의 'locker'란 단어를 접한 경우, 두 단어는 본질적으로 같은 의미이나, 두 단어가 서로 각각의 환경에서 존재하는 서로 다른 사물을 지칭하는 개념으로 자연스럽게 받아들이게 하는 것이 중요하다.

부록 1

구구단처럼
쉬운 영어

송가네 영어 공부법 Song English

구구단처럼 쉬운 영어

　나는 프랑스 파리에 유학가 있을 때 아주 놀란 일이 있었다. 주불 한국 대사관에 근무하는 Y참사관이 불어뿐 아니라 영어를 너무 실감 나게 잘하는 것이었다. 그가 프랑스 고급 관리의 장례식장에 대사를 대신해 와서 조사를 했다. 나는 눈물이 날 지경이었다. 얼마나 슬프게 말을 잘하던지! 나는 놀라서 물었다.

　"어떻게 해서 기가 막히게 원어민 같이 영어, 불어를 잘하느냐,"라고. 그는 말했다. "송하성 씨! 한국 사람이 원어민같이 다른 나라 말을 구사한다는 것은 거짓말입니다. 불가능합니다. 장르별로 12개 정도의 Paragrah 10여 페이지를 몇 개월 동안 달달 외우는 것입니다. 그리고 말의 톤·느낌까지 흉내 내는 것입니다. 그리고 상황에 따라 약간씩 단어를 바꾸어 말하는 것입니다." 나는 그 말이 맞다고 생각했다. 우리가 초등학교 때 구구단을 외우듯이 기본 문장을 달달 외우는 것이 영어 회화 수준을 크게 높이는 사다리라고 생각한다.

　구구단이 우리의 마음에 평생 잊혀지지 않는 인간 생활의 기본적인 기억력의 공식으로 자리 잡고 있듯이 영어 문장의 구조에도 평생 잊혀지지 않는 일정한 법칙이 있다.

　최근 들어, 문법의 중요성에 초점을 맞추기보다는 문법을 몰라도 영어를 잘할 수 있다는 것을 크게 홍보하는 영어책들이 세간의 이목을 끌어왔다. 그러나 영어는 일정한 법칙이 있다. 문장으로 익히는 것이다.

　'구구단 영어', '구구법 영어'라는 말이 나온지 꽤 되었다. 새로운 내용으로 본문에서 구구단격인 영어의 법칙 기본 문장 120개를 제시한다. 재미없이 심심해도 달달 외우길 바란다. 그리고 회화, 문법, 영작에도 유용하게 활용할 수 있을 것이다. 영어 소통 능력을 크게 높여줄 것이다.

5가지 형식으로 끝나는 영어!

우리 모두는 영어가 5가지 형식으로 구성된다는 것을 어릴 적부터 배워왔다.
하지만 영어를 사용할 때 이 5가지 형식이 얼마나 중요한지 주목하지 않았다.
이제 영어가 이 5가지 형식에서 예외의 경우를 제외하고는 크게 벗어나지 않는다는 것을
유념하여 구구단처럼 쉬운 영어 공식을 여러분의 마음속에 새겨야 한다.
들어 가기에 앞서 5형식을 짚고 넘어가보자!

> ▶ 1형식 : 주어 + 동사
>
> ▶ 2형식 : 주어 + 동사 + 보어
>
> ▶ 3형식 : 주어 + 동사 + 목적어
>
> ▶ 4형식 : 주어 + 동사 + 간접 목적어 + 직접 목적어
>
> ▶ 5형식 : 주어 + 동사 + 목적어 + 목적 보어

이렇게 간단하다면 왜 우리는 영어가 헷갈릴까?
이유는 간단하다. 그 형태가 다양하여 알아차리지 못한다는 것뿐이다.
동사를 제외한 주어, 보어, 간접 목적어, 직접 목적어, 목적 보어는
다양한 형태의 명사로 나타나며, 보어와 목적 보어는 형용사 형태 또한 갖는다.
그럼, 이제 각 형식을 구구단처럼 외워 보도록 하자!

1단 ● 1형식 주어＋동사 ＝명사＋동사

1-1 **Prof. Song will win.**
송 교수가 이길 것이다.

1-2 **I will leave soon.**
나는 곧 떠날 것이다.

1-3 **Time flies.**
시간이 날아간다.(빨리 간다)

1-4 **Your phone is ringing.**
너의 전화기가 울린다.

1-5 **The gap between rich and poor has been widening more and more.**
(명사 + 전치사구 + 동사)
부자와 가난한 자 사이의 차이가 점점 더 커져 왔다.

여러분이 영어를 쓸 때에 헷갈리는 또 하나는 전치사를 포함한 전치사 구이다.
on, in, at, from, for, to, within, with, by 등과 같이 오는 전치사구는 장소, 시간, 방향성
등을 나타내는데 이들은 수식어로 문장의 형식에는 영향을 미치지 않는다.

1-6　　**We eat to live.**
　　　　(명사 + 동사 + to 부정사 부사형)
　　　　우리는 살기 위해서 먹는다.

1-7　　**Dokdo belongs to the Republic of Korea.**
　　　　독도는 대한민국에 속한다.

1-8　　**He is at the station.**
　　　　그는 역에 있다.

1-9　　**The conference on climate change was held in Geneva.**
　　　　(명사 + 전치사구 + 동사)
　　　　기후 변화에 관한 회의가 제네바에서 열렸다.

1-10　　**Blue color goes well on you.**
　　　　파란색은 너에게 참 잘 어울린다.

1-11　　**This book is written for Koreans.**
　　　　이 책은 한국인들을 위해 쓰여졌다.

1-12　　**The soldiers wounded in the war were sent to the hospital.**
　　　　(명사 + ed형용사구 + 동사)
　　　　전쟁에서 부상당한 군인들이 병원으로 보내졌다.

There is/are…. 형식은 ~ 이 있다는 뜻을 나타내기 위한 문장을 만들 때 쓰는 것으로, 부사 + 동사 + 주어가 나열된 것으로 형식으로 따져 보면 주어 + 동사가 있는 1형식이다.

1-13 **There is a department store on your right hand side.**

당신의 오른편 쪽에 백화점이 있다.

1-14 **There was still a hope remaining in his mind even if he failed at his first attempt.**

(There + 동사 + 명사 + ing 형용사구)

그는 첫 번째 시도를 실패했지만 그의 마음속에 남아 있는 희망이 아직 있었다.

1-15 **There must be days that we all can smile together.**

(There + 동사 + 명사 + 형용사절)

우리 모두 함께 웃을 수 있는 날들이 있음이 틀림없다.

2단 ● 2형식 주어 + 동사 + 보어
= 명사 + 동사 + 명사/형용사

1. 명사 + 동사 + 명사

2-1 **Prof. Song is a man.**
송 교수는 남자다.

2-2 **I became a professor.**
나는 교수가 되었다.

2-3 **That must be Prof. Song.**
저 분은 송교수가 틀림없다.

2-4 **The primary reason that Prof. Song writes this book is to help students learn English easily.**
(명사 + 형용사 절 + 동사 + To 부정사 명사용법)
송교수님이 이 책을 쓰는 중요한 이유는 학생들이 영어를 쉽게 배우는 것을 돕기 위한 것이다.

It is …. that/to 부정사의 형식은 뒤에 오는 that절 또는 To 부정사 뒤에 오는 내용이 진짜 주어이지만 앞에 두기에 너무 길어 가짜 주어 It을 앞에 놓은 것이다. 복잡하고 길어 보이지만 여전히 [주어 + 동사 + 명사/형용사]의 2형식 구조일 뿐이다.

2-5   **It is a great honor to meet you.**
[명사(가주어) + 동사 + 명사 + To 부정사 명사용법(진주어)]
당신을 만난 것은 큰 영광이다.

2-6   **It is a necessary that you should met him.**
책을 읽는 것(독서)이 나의 취미다.

2-7   **Reading is my hobby.**
(동명사 + 동사 + 형용사 + 명사)
책을 읽는 것(독서)이 나의 취미다.

2-8   **The red car next to mine is his.**
(형용사 +명사 + 전치사구+ 동사 + 명사)
나의 차 옆에 있는 빨간 차는 그의 것이다.

2-9   **The only place that I can sleep well is my room.**
(명사 + 형용사절 + 동사 + 명사)
내가 잠을 잘 잘 수 있는 유일한 장소는 내 방이다.

2-10   **The car is what I have wanted to buy since 2000.**
(명사 + 동사 + 명사절)
그 차는 내가 2000년도부터 사기를 원했던 것이다.

2. 명사＋동사＋형용사

2-11   **I am happy.**
나는 행복하다.

2-12   **You are very attractive to me.**
당신은 나에게 참 매력적이다.

2-13   **I am better than you.**
나는 당신보다 낫다.

2-14   **I am as smart as him.**
나는 그만큼 똑똑하다.

2-15   **It must be true.**
그것은 진실임에 틀림없다.

2-16   **Living in New York is very expensive.**
뉴욕에서 사는 것은 매우 비싸다.

2-17   **I am allergic to cucumber.**
나는 오이에 알러지가 있다.

2-18   **Sleeping well is good for health**
(동명사 + 동사 + 형용사)
잠은 잘 자는 것은 건강에 좋다.

2-19 **Driving a car at night is dangerous.**

(동명사 + 동사 + 형용사)

밤에 차를 운전하는 것은 위험하다.

2-20 **To take a test is always nervous.**

(To 부정사 명사형 + 동사 + 형용사)

시험을 보는 것은 항상 긴장된다.

2-21 **The book written by Prof. Song is very helpful for studying English.**

(명사 + ed 형용사구 + 동사 + 형용사)

송 교수님께서 쓰신 책은 영어 공부에 매우 유익하다.

2-22 **That Prof. Song will succeed is certain.**

(명사절 + 동사 + 형용사)

송 교수가 성공할 것이라는 것은 확실하다.

> It seems··· that의 형식은 뒤에 오는 that 이하의 절이 진짜 주어이지만 앞에 두기에 너무 길어 가짜 주어 It을 앞에 놓은 것이다. 복잡하고 길어 보이지만 여전히 [주어 + 동사 + 명사/형용사]의 2형식 구조일 뿐이다.

2-23 **It seems very useful that you study French in advance before you apply to the United Nations in the future.**

(명사 + 동사 + 형용사 + That절 이하 진짜 주어)

당신이 나중에 유엔에 지원하기 전에 미리 불어를 공부하는 것은 매우 유용해 보인다.

2-24 **What you major in at school seems little relevant to your future job these days.**
(명사절 + 동사 + 형용사)
오늘날 당신이 학교에서 무엇을 전공하는지는 당신의 미래 직업과는 관련이 적어 보인다.

2-25 **Reviewing what you learn in class is helpful to memorize the contents.**
(동명사 + 동사 + 형용사 + to 부정사 부사용법)
수업에서 배운 것을 복습하는 것은 그것들을 기억하는 데 도움이 된다.

2-26 **Riding a rollercoaster is scary.**
롤러코스를 타는 것은 무섭다.

2-27 **To know who I am is very difficult.**
(To 부정사 명사형 + 동사 + 형용사)
내가 누구인지 알기란 어렵다.

2-28 **History is valuable to assess the present and predict the future.**
(명사 + 동사 + 형용사 + to 부정사 부사용법)
역사는 현재를 평가하고 미래를 예측하는데 귀중한 가치가 있다.

3-1 **I love you.**
나는 당신을 사랑합니다.

3-2 **I will love you more than you love me.**
나는 당신이 나를 사랑하는 것보다 더 많이 항상 당신을 사랑할 것입니다.

3-3 **I admire his spirit like a roly poly.**
(명사 + 동사 + 명사 + 전치사구)
나는 그의 오뚝이 같은 정신을 존경한다.

3-4 **I skipped the class yesterday.**
나는 어제 수업을 빼먹었다.

3-5 **I know how to operate this machine.**
(명사 + 동사 + 명사구)
나는 이 기계를 어떻게 작동하는지 안다.

3-6 **I like a person who does not lie.**
(명사 + 동사 + 명사 + 형용사절)
나는 거짓말을 하지 않는 사람을 좋아한다.

3-7 **I have subscribed to this magazine for 22 years.**
나는 이 잡지를 22년 동안 구독해왔다.

3-8   **You have to clean your room.**
너는 너의 방을 깨끗이 치워야 한다.

3-9   **I often miss the village where I lived when I was young.**
(명사 + 동사 + 명사 + 형용사절)
나는 내가 어릴 적에 살았던 마을이 종종 그립다.

3-10   **We need to devise a strategic approach to persuade North Korea.**
(명사 + 동사 + 명사 + To 부정사 부사형)
우리는 북한을 설득하기 위해 전략적인 접근법을 고안해야 한다.

3-11   **You should remember your mistake that you make today not to make the same one next time.**
(명사 + 동사 + 명사 + 형용사절 + to 부정사 부사형)
당신은 오늘 당신이 저지른 실수를 다음 번에 같은 실수를 저지르지 않기 위해서 기억해야만 한다.

3-12   **I want to share information that I know with everyone in my class.**
(명사 + 동사 + 명사 + 형용사절)
나는 내가 아는 정보를 내 수업에 있는 모든 사람들과 공유하고 싶다.

3-13   **She heard depressing news forecasting a depressed economy.**
(명사 + 동사 + 명사 + 형용사절)
그녀는 암울한 경제 침체를 전하는 뉴스를 들었다.

3-14　**You know who you are better than anyone else.**
(명사 + 동사 + 명사절)

너는 당신이 누구인지 어떤 누구보다도 잘 안다.

3-15　**I painted the unique picture on the wall.**
(명사 + 동사 + 형용사 + 명사 + 형용사구)

내가 벽에 걸려있는 독특한 그림을 그렸다.

3-16　**Do you know what VIP stands for?**
(명사 + 동사 + 명사절)

당신은 VIP가 무엇을 뜻하는지 알고 있나요?

3-17　**Have you ever had Thai food?**
(명사 + 동사 + 명사)

당신은 태국 음식을 드셔본 적이 있으십니까?

Check Point!

4형식과 5형식
설명에 들어 가기에 앞서 짚고 넘어갈 Point!

얼핏 보기에 4형식과 5형식이 같아 보일지도 모른다.
4형식과 5형식 모두
[명사1 + 동사 + 명사2 + 명사3] 의 구조를 갖기 때문이다.
하지만, 4형식에서는 명사2 = 명사3이 성립하지 않지만,
5형식에서는 명사2 = 명사3가 같다는 차이점이 있다.

예를 들어,
He made me a box.
이 문장에서 me = a box가 아니라 4형식으로써,
그는 나에게 상자를 만들어 주었다' 라는 의미이다.

반면에,
My father made me a great athlete
이 문장은, '나의 아버지는 나를 뛰어난 운동선수로 만들었다'라고 해석된다.
즉 me = a great athlete 라는 관계가 성립된다.

이 점을 고려하여 4형식과 5형식을 더욱 자세히 살펴보자.

4단 ● **4형식** 주어 + 동사 + 간접 목적어 + 직접 목적어
= 명사 + 동사 + 명사 + 명사

4-1   **I sent her a letter three days ago.**
나는 그녀에게 편지를 보냈다.

4-2   **His continuous challenge gives his son a hope.**
그의 계속되는 도전은 그의 아들에게 희망을 준다.

4-3   **You must give it a shot first.**
당신이 처음으로 그것을 시도해야 한다.

4-4   **She finally showed me what she had designed for the competition this year.**
(명사 + 동사 + 명사 + 명사절)

그녀는 그녀가 이번 해에 대회를 위해 디자인해온 것을 마침내 나에게 보여줬다.

4-5   **He can give her all he has.**
(명사 + 동사 + 명사 + 명사 + 형용사절)

그는 그녀에게 그가 가진 모든 것을 줄 수 있다.

4-6   **The chef made me a strawberry cake, which is my favorite.**
(명사 + 동사 + 명사 + 명사 + 형용사 절)

쉐프는 나에게 딸기 케익을 만들어 주었는데, 그것은 내가 제일 좋아하는 것이다.

4-7 **He showed me an abstract picture depicting the current world.**
(명사 + 동사 + 명사 + 형용사 + 명사 + 형용사구)

그는 작금의 세계를 묘사하는 추상적인 그림을 나에게 보여 주었다.

4-8 **I am going to ask her what she likes tomorrow**
(명사 + 동사 + 명사 + 명사절)

나는 내일 그녀에게 그녀가 좋아하는 것을 물어볼 것이다.

4-9 **My friend taught me mathematics, which is the most difficult subject for me.**
(명사 + 동사 + 명사 + 명사 + 형용사절)

내 친구는 나에게 수학을 가르쳐 주었는데, 그것은 나에게 가장 어려운 과목이다.

4-10 **The U.S. and Russia sent the Republic of Korea the investigators to reveal what really happened.**
(명사 + 동사 + 명사 + 명사 + To 부정사 부사용법)

미국과 러시아는 무슨 일이 일어났는지 밝히기 위해서 한국에 조사단을 보냈다.

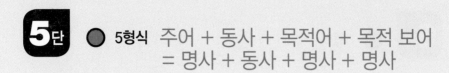

5단 ● 5형식 주어 + 동사 + 목적어 + 목적 보어
= 명사 + 동사 + 명사 + 명사

5-1   **I will make you a queen.**
내가 당신을 여왕으로 만들 것이다.

5-2   **You make me a good man.**
당신은 나를 좋은 남자가 되도록 한다.

5-3   **Doing your best relentlessly will make you the winner of your life.**
(명사 + 동사 +명사 + 명사 + 전치사구)

끊임없이 최선을 다하는 것을 당신이 당신의 삶의 승리자가 되도록 만들 것이다.

5-4   **What you are doing now makes you who you will be in the future.**
(명사구 + 동사 + 명사 + 명사구)

당신이 지금 하고 있는 것이 미래의 당신을 만든다.

5-5   **Accepting what you did wrong will make you a better person.**
(동명사 + 동사 + 명사 +명사)

당신이 잘못한 것을 받아들이는 것은 당신을 더 나은 사람으로 만들 것이다.

5-6   **That I do my best every single second has made me who I am now.**
(명사절 + 동사 + 명사 +명사)

내가 매 순간 최선을 다하는 것이 지금의 나를 만들어 왔다.

6-1 **I will never let you disappointed.**

나는 당신을 절대로 실망시키지 않을 것이다.

6-2 **You have always made me proud of you.**

당신은 항상 내가 당신을 자랑스럽게 여기도록 해왔다.

6-3 **Eating too much before you exercise will make you uncomfortable.**

(동명사 + 동사 + 명사 + 형용사)

운동을 하기 전에 너무 많이 먹는 것은 당신을 불편하게 할 것이다.

6-4 **The development the Internet has made people dependent on its high speed.**

인터넷의 발전은 사람들이 빠른 속도에 의존하게 해 왔다.

6-5 **The development of innovative technologies which have accelerated globalization has made the world more bipolarized in a way.**

(명사 + 형용사구 + 형용사절 + make + 명사 + 형용사)

세계화를 가속 해온 혁신적인 기술들의 발전은 한편으로 세계를 더욱 양극화 해왔다.

6-6 **The expansion of non-government organizations has made the related governments more thoughtful when devising a policy and enforcing it.**

(명사 + 전치사구 + make + 명사 + 형용사)

비정부기구의 확산은 관련정부기관이 정책을 세우고 그것을 집행할 때 더욱 신중하도록 만들어왔다.

위에서 살펴 본 5형식 외에 매우 유용하게 자주 활용되는 영어의 또 다른 공식을 소개한다. 우리가 **사역동사**라고 배운 동사들을 활용하는 문장에 적용하는 공식이다. 이 동사들은 특별한 뜻을 갖는다기보다 목적어 뒤에 오는 동사를 이루게 혹은 하도록 만들겠다는 의미를 갖는다.

7-1 **I will make you study hard.**
(명사 + make + 명사 + 동사원형)

나는 네가 공부를 열심히 하도록 만들 것이다.

7-2 **Her presence makes me smile.**
(명사 + 동사 + 명사 + 동사원형)

그녀가 있다는 것은 나를 웃게 한다.

7-3 **You always make me feel comfortable.**
(명사 + make + 명사 + 동사원형)

당신은 항상 내가 편안하게 느끼도록 해준다.

7-4 **Wearing jeans makes me look young.**
(동명사 + make + 명사 + 동사원형)

청바지를 입는 것은 나를 젊어 보이게 한다.

7-5 **I will make him speak up for his rights.**
(명사 + make + 명사 + 동사원형)

나는 그가 그의 권리에 대하여 그의 목소리를 높일 수 있도록(그의 의견을 힘껏 말할 수 있도록) 할 것이다.

7-6 **The letter that Ahn Jung Geun wrote in prison has made Koreans as well as people all over the world understand correctly Korean history under Japanese imperialism.**
(명사 + 형용사절 + make + 명사 + 동사원형)

안중근 의사가 옥중에서 썼던 편지는 한국인뿐만 아니라 세계인들이 일제 치하에 놓였던 한국의 역사를 똑바로 이해하도록 해왔다.

7-7 **I will let you go, if you don't love me anymore.**
(명사 + let + 명사 + 동사원형)

나는 당신이 나를 더 이상 사랑하지 않는다면, 당신이 나를 떠나도록 놔 줄 것이다.

7-8 **This book will let you speak English with confidence in front of people.**
(명사 + let + 명사 + 동사원형)

이 책은 당신이 사람들 앞에서 자신감을 갖고 영어를 말할 수 있도록 할 것이다.

7-9 **He makes me feel that I am a very important person.**
(명사 + have + 명사 + 동사원형)

그는 내가 매우 중요한 사람이라고 느끼게 한다.

7-10　His habit of writing a memo whenever he has a good idea has enabled him to see the world from all different perspectives.

(명사 + 형용사구 + have + 명사 + 동사원형)

좋은 아이디어가 떠오를 때마다 메모를 하는 그의 습관이 그가 모든 다른 관점에서 세상을 볼 수 있도록 해왔다.

7-11　Her amazing story that she overcame her disability has had the people all over the world take an opportunity to realize their dreams.

(명사 + 형용사절 + have + 명사 + 동사원형)

그녀가 장애를 극복한 놀라운 이야기는 세계 모든 사람들이 그들의 꿈을 실현하기 위한 기회로 삼도록 해왔다.

7-12　Drinking a cup of hot chocolate when you are depressed will make you feel better.

(동명사 + make + 명사 + 동사)

당신의 기분이 우울할 때 한 잔의 핫초콜릿을 마시는 것은 너를 기분 좋게 할 것이다.

8단 ● 형용사의 활용

국어에서 또한 명사를 꾸며주는 것은 형용사이다.
다만 국어에서는 명사를 꾸며주는 형용사의 위치는 [형용사 + 명사]
이렇게 명사 앞으로 제한되어 있다.
이와 달리, 영어에서는

1. 형용사 + 명사 (delicious food : 맛있는 음식)
2. 명사 + 형용사 (a baby sleeping in a car : 차에서 자고 있는 아기)
3. 형용사 + 명사 + 형용사
  (this English book written by Prof. Song : 송교 수님에 의해 쓰여진 이 영어 책)

이와 같이, 상황에 따라 명사의 앞뒤 자리를 가리지 않고 나타난다.
또한, 영어에서 형용사의 형태는 그야말로 가지각색이다.

1. ~ing (a boy singing a song : 노래를 부르고 있는 소년)
2. ~ed (an invention invented by a scientist : 과학자에 의해 발명된 발명품)
3. To 부정사 형용사용법 (books to read : 읽을 책)
4. 구의 형태 (a picture on the wall : 벽에 걸린 그림)
5. 절의 형태 (the song that I used to sing : 내가 부르곤 했던 노래)

이 점을 유념하여 명사의 앞뒤 자리에서 형태를 변형해 가며 영어 문장을 만들어
본다면, 앞으로는 영어 문장을 읽다가 헤매는 일은 없을 것이다.

8-1 **I love you the way that you are.** (명사 + 형용사절)
나는 있는 그대로의 당신을 사랑합니다.

8-2 **He is my best friend.** (형용사 + 명사)
그는 나의 최고의 친구이다.

8-3 **This is a gift for your birthday.** (명사 + 형용사 전치사구)
이것은 너의 생일 선물이다.

8-4 **The great-looking guy playing a piano** (형용사 + 명사 + ing 형용사구) **on the stage is my fiancé.**
무대에서 피아노를 치고 있는 멋지게 생긴 남성분이 나의 약혼자이다.

8-5 **The police called me and told me that they found my stolen wallet** (형용사 + 명사) **in the restroom.**
경찰은 화장실에서 도난당한 내 지갑을 찾았다고 나에게 연락해 왔다.

8-6 **The boy who stands in the second** (명사 + 형용사절) **row is my son.**
두 번째 줄에 서 있는 소년이 나의 아들이다.

8-7 **The product made by Samsung** (명사 +ed 형용사구) **gets rarely broken.**
삼성에 의해 만들어진 제품은 거의 고장 나지 않는다.

8-8 **The lady wearing a pearl necklace** (명사 + ing 형용사구) **is my mother.**
진주목걸이를 하고 있는 여자분은 나의 어머니이다.

8-9 **There are foods prepared for you** (명사 + ed 형용사구) **on the table.**

식탁 위에 너를 위해 준비된 음식이 있다.

8-10 **I have a great sculpture to show you.**

(명사 + To 부정사 형용사형)

나는 당신에게 보여줄 멋진 조각을 갖고 있다.

8-11 **There are still a lot of questions left for him to answer**

(형용사 + 명사 + 형용사구).

그가 대답할 남은 질문이 아직 많이 있다.

8-12 **I will make a bucket list that I have to do** (명사 + 형용사절) **before I die.**

나는 죽기 전에 내가 해야 할 버킷리스트를 만들 것이다.

한국인이 어려워하는 영어 문법 중에 다른 하나는 바로 연결사의 활용이다.
영어에서 연결사라 하면 1. 등위 연결사, 2. 종속 연결사로 나뉜다.
9단에서는 이 두 가지 연결사를 자세히 살펴보도록 하자.

1. 등위 연결사

문자 그대로, 대등한 두 개의 문장 또는 단어를 연결해 주는 연결사를 말한다.
등위연결사의 종류에는 우리가 흔히 알고 있는,
And : 그리고, or : 또는, but : 그러나, so : 그래서, therefore : 그러므로, then : 그러면,
Both A and B : A 와 B 둘다,
Not only A but(also) B : A 뿐만아니라 B 또한,
A as well as B : B 뿐만아니라 A 또한,
Either A or B : A 든 B 든 어느 한쪽,
Neither A or B : A 도 B 도 어느 쪽도 아니다.
그럼 이들의 예를 살펴보자.

9-1　　**Prof. Song will publish an English book, and He will
teach English with that book.**
(문장을 연결한 등위 연결사)

송 교수님은 영어책을 출판할 것이다 그리고 그 책으로 영어를 가르칠 것
이다.

329

9-2   **I have to buy a jacket and a hat.**
(단어를 연결한 등위 연결사)

나는 재킷과 모자를 사야한다.

9-3   **I ate a lot, but I am still hungry.**
(문장을 연결한 등위 연결사)

나는 많이 먹었다 그러나 나는 아직도 배가 고프다.

9-4   **He would like to travel both Shanghi and Beijing.**
(Both A and B)

그는 상해와 북경 둘 다 여행하고 싶어 한다.

9-5   **The Republic of Korea attained gold medals of the 2012 London Olympics not only in the women's individual but (also)in the women's team archery competition.**
(Not only A but also B 단어 연결사)

대한민국은 2012년 런던 올림픽에서 양궁 여자개인전 뿐만 아니라 여자 단체전에서 또한 금메달을 획득했다.

9-6   **Not only did he study in Paris but he also spent 5 years in Geneva.**
(Not only A Bot also B 문장 연결사)

그는 파리에서 공부했을 뿐만 아니라 그는 제네바에서 또한 5년을 보냈다.

9-7   **Prof. Song got wealth as well as fame.**
(A as well as B)

송 교수님은 명예뿐만 아니라 부도 얻었다.

2. 종속 연결사

위에서 살펴본 등위연결사가 대등한 문장과 단어를 연결해 주었다면, 한 문장에 종속되어 특정한 기능을 하는 종속연결사가 있다.

종속형용절연결사, 종속명사절연결사, 종속부사절연결사로 각각은 문장에서 형용사, 명사, 부가적인 혹은 부사의 한다.

1. 종속형용절연결사 : who, which, when, where, that 등
2. 종속명사절연결사 : what, that 등
3. 종속부사절연결사 : when, where, because, since 등

9-8 **I live in Seoul, which is the capital city of the Republic of Korea.** (Which 형용절연결사)

나는 대한민국의 수도인 서울에서 산다.

9-9 **She met you last September when she worked at the Ministry of Foreign Affairs.**

(When 형용사연결사)

그녀는 그녀가 외교부에서 일했던 지난 9월에 당신을 만났다.

9-10 **This is the place where I was born.** (Where 형용사연결사)

이곳이 내가 태어난 곳이다.

9-11 **That you can speak English fluently is a huge advantage when you try to get a job.**

(That 명사절연결사 + when 부사절연결사)

당신이 영어를 유창하게 말할 수 있다는 점은 당신이 직업을 구할 때 큰 이점이다.

9-12   **She gave me what I wanted.**

(What 명사절연결사)

그녀는 내가 원하는 것을 주었다.

9-13   **Can you tell me where I should go?**

(Where 명사절연결사)

내가 어디를 가야 할 지 말해 줄 수 있나요?

9-14   **I need to purchase a new wallet because I've lost my wallet.**

(Because 종속연결사)

나는 나의 지갑을 잃어 버렸기 때문에 새로운 지갑을 하나 사야 한다.

효율적으로
공부하기 위한 TIP

기적의 송가네 공부법

핵심을 찾는 공부법

대부분의 학생들이 시험 공부를 할 때 무조건 교과서 내용을 빠짐없이 써 내려간다. 글씨 연습도 아닌데 습관적으로 연습장에 교과서 글씨를 그대로 옮겨 적는다. 이것은 효율적인 공부 방법이 될 수 없다.

시험에 나올 가능성이 있는 내용 중 핵심 내용만 골라서 정리해야 한다. 이렇게 교과서 핵심만 정리하다 보면 교과서 내용의 부피가 10분의 1로 줄어들 수 있다.

이 내용들은 반드시 자신이 잘 모르는 내용 중 시험에 나올 핵심만 정리해야 된다. 즉 핵심 내용만 정리하고 요약하는 것이 요약의 기본 법칙이다. 시험에 나올 가능성 있는 핵심 내용만 요약하자.

교과서 핵심 요약을 위한 3단계 과정을 정리해 보면 다음과 같다.

첫째 단계 : 교과서 목차 순서대로 읽고 요약하면 기억과 이해에 도움이 된다. 교과서 소단원을 처음 읽을 때에는 천천히 자세하게 읽어가면서 이해 안 가는 부분, 중요한 용어가 나오는 부분, 새로운 내용, 시험 출제 예상되는 부분을 연필로 밑줄을 가볍게 표시한다. 이 과정에서 무조건 밑줄을 그을 것이 아니라 최대한 이해를 하려고 노력해야 한다. 이해 안 가는 부분이 있다면 천천히 반복적으로 읽으면 이해에 큰 도움이 된다. 이해가 안 되면 표시를 한 후에 친구나 선생님의 도움을 받도록 한다. 이때 반복적으로 읽은 뒤에야 이해를 한 부분은 자신이 다시 읽을 때 쉽게 이해할 수 있게 자신의 해설을 써 놓으면 좋다.

둘째 단계 : 소단원 내에서 잘 모르는 내용은 번호를 부여하면서 컬러 펜으로 표시하여 정리하면 자신이 알아야 할 내용을 요약 정리하는데 도움이 된다. 연필로 표시한 부분 중 에서 시험에 출제 예상되는 내용과 시험에 출제되면 헷갈리는 부분을 찾아내어 볼펜이나 형광펜 등으로 표시한다. 그리고 표시한 내용을 요약 노트에 정리한다.

셋째 단계 : 시험에 나올 확률을 생각하며 정리하면 집중력이 생기고 오래 기억에 남는다. 확실히 알고 있는 내용은 과감하게 빼버린다. 주관식이나 단답형 문제로 출제가 예상되는 부분 중 헷

갈리는 내용을 각종 기억법이나 암기법을 적용하여 정리하는 단계이다.

자기암시법

공부는 나도 할 수 있다는 자신감에서 출발한다.

인간의 능력은 무한하다. 운명은 생각하고 마음먹은 대로 된다고 한다. 어떤 목표로 세상을 살아가느냐가 성공과 실패의 출발점이 된다.

공부도 자신의 마음에 달렸다. 목표를 두고 실천하는 대로 이루어진다. 좀 더 잘하겠다는 생각에서 공부는 시작되는 것이다. 명확한 목표가 있을 때 그 목표를 위해 세부적인 계획을 세우게 되는 것이다.

세부 계획을 세우는 4가지 방법

첫째, 책상 앞에서 차분하게 앉아서 성적 향상 목표를 정하라.

둘째, 그 목표를 이루기 위한 방법을 구상해 보아라.

셋째, 자신에게 숨겨져 있는 잠재 능력이 있음을 믿어라!

넷째, 그리고 자신만이 갖고 있는 숨어 있는 능력을 찾아내어라!

숨어 있는 능력을 이끌어내는 출발점은 바로 자신에 대한 굳은 믿음이다. 자기 자신에 대한 굳은 믿음 없이 어떻게 공부하고 어떻게 성공하길 바란단 말인가? 항상 자신감을 가져야 한다. 지금까지 공부를 못한 것은 머리가 나빠서가 아니다. 능력이 없어서가 아니다. 단지 공부하는 방법이 서툴러서 효율성이 없던 것이고, 꾸준히 반복해서 공부를 하면 두뇌에 잘 인식되어 공부를 잘하게 된다.

실제로 학급에서 학생들이 공부를 못하는 이유를 찾아보면 하나같이 공부에 관심이 없고 노력을 거의 하지 않는데 그 원인이 있다. 공부 못하는 학생들은 공부를 못하는 것이 아니라 안 하는 것이다. 공부를 안 하니 성적이 좋게 나올 수 없는 것은 당연하지 않은가? 그동안 공부를 안 한 사람은 지금부터 공부를 시작하자. 나도 열심히 하면 잘할 수 있다는 확신을 가져야 한다. 내 스스로 할 수 있다는 자신감을 갖고 믿어야 한다. 자신을 믿지 못하면 그 어느 것도 할 수 없다. 모든 것은 자신감에서 출발한다.

긍정적 사고, 학습 의욕 유발, 평생 갖게 되는 공부 기술, 자신감은 성공의 선순환의 법칙을 따르게 한다. 불가리아 교육자인 로자노프Lozanov 박사의 연구를 바탕으로 한 스스로 '암시법'으로 부르는 실험은, 암시가 학습 결과에 영향을 미치며 아무리 사소한 것이라도 긍정적 혹은 부정적 암시가 될 수 있다는 논리를 내세웠다.

스스로에게 '나는 할 수 있다!'라고 끝없이 반복해서 암시할 수 있게 해주면 그 아이는 무엇이든 할 수 있다. 또 부모는 자녀에게 긍정적 암시를 계속 주어 아이가 스스로의 능력을 믿고 좋은 결과를 만들 수 있도록 도와주어야 한다. 결과가 좋지 않더라도 과정을 칭찬하는 일을 지속적으로 하면 반드시 좋은 결과를 이끌어낼 수 있게 된다.

하버드대학의 윌리엄 제임스Willim James 교수에 따르면 아무리 사소한 생각이라도 예외 없이 인간의 두뇌 구조를 변화시켜서 흔적을 남긴다고 한다. 그 사소한 흔적들이 쌓여 우리의 삶에 변화를 가져오는 것이다. 즉 우리가 어떤 생각을 반복적으로 계속하여 뇌 조직에 깊이 새겨놓으면 그 생각에 따라 성격이 바뀌게 되어 자신의 능력이 사라지게 되며, 마침내는 인생의 패턴이 변화되게 된다. 일종의 암시 효과이다.

우리는 항상 주위의 환경으로부터 암시를 받고 있다. 의식적이든 의식적이지 않든 간에 우리가 듣고 보고 생각한 모든 것들은 암시가 되어 우리의 잠재의식에 그대로 전달된다. 그리고 그 내용들은 고스란히 우리의 행동과 삶에 영향을 미친다. 다만 우리가 그 진행 과정을 인지하지 못하고 있을 뿐이다. 그래서 어떤 말을 많이 듣고, 어떤 말을 많이 하고, 어떤 생각을 많이 하느냐 하는 문제가 아주 중요하다.

어릴 때부터 부모로부터 '너는 맨날 하는 게 그 모양이냐? 누굴

닮아서 저럴까?'라는 투의 말을 많이 들었다고 가정하자. 자신도 모르는 사이에 부정적인 암시에 길들여진 아이들은 삶에 대한 자신감을 잃고 모든 것에 부정적인 사고방식을 갖게 되어 스스로 성장 가능성을 포기해 버리는 불행한 인간이 되고 만다.

그러나 어릴 때부터 부모로부터 '그래! 하면 된다. 한번 해 봐라. 너는 이걸 참 잘하는구나.'라는 투의 긍정적인 암시를 많이 받고 자란 아이들은, 삶에 대한 자신감으로 모든 것에 긍정적인 사고방식을 갖게 되어, 자신의 성장 가능성을 지속적으로 키워나갈 수 있는 행복한 인간이 된다.

우리가 부정적인 자극이나 메시지를 계속해서 접하게 되면, 두뇌에서 미세한 인식의 차이가 발생하여 우리 몸의 신호 체계가 나쁘게 바뀐다고 한다. 이렇게 되면 아이들은 학습 능력이 떨어지고, 행동이 산만하고, 성격이 차분하지 못 하고, 들떠 있게 된다. 인식은 아이의 성격과 능력에 영향을 준다는 소리다.

성적은 단순히 두뇌의 문제가 아니다. 우리의 학교 교육이 대단한 지능을 필요로 할 정도로 난해한 것이 아니기 때문이다. 어느 정도의 지능이면 노력을 통해 해결할 수 있는 정도인 것이다. 따라서 지능이 떨어져서 성적이 안 나온다는 공식은 별로 설득력이 없다. 또 인간의 지능에 대한 측정이란 것이 절대 불변의 가치를 갖는 것도 아니다. 성적은 지능의 문제라기보다는 오히려 의식과 태도의 문제이다. 어떤 연유로든 간에 어려서부터 '나는 못해! 공부가 싫어!'라는 암시를 끊임없이 해온 아이들에게는 그 어떤 처방책 일지라도 효과를 보기 힘들다. 아무리 시간을 들여 공부를 해도, 날고 뛴다는 과외 선생을 갖다 붙여도 개선될 여지가 보이지 않는다. 도무지 방법이 없으니 부모로서는 절망에 빠질 수밖에 없다.

문제는 의식이다. 아이가 '나는 공부가 싫어! 나는 안돼!'라고 스스로를 단정 짓고 지속적으로 되새김질하고 있는 상황에서 도대체 무얼 기대할 수 있을까. 아이가 하는 말 그대로 되어버리는 것이다. 그런 심리적 상태를 먼저 해결하지 않는 한 '공부 못하는 아이'라는 틀 속에서 절대로 빠져 나올 수가 없다. 자신의 한계를 스스로가 만들어 놓고 뛰어넘기를 거부하고 있는 아이에게는 백약이 무효일 수밖에 없다.

생각을 바꾸게 하자. '너는 할 수 있어!'라고 계속 암시하고 격려한다면, 조금씩 자신감을 회복하고 바뀌기 시작한다. 부모의 사랑과 관심은 자녀를 훌륭한 우등생으로 키운다.

1.1.1 활용 공부법

　시험공부의 기준은 교과서이다. 교과서를 차근차근 이해하는 것이 시험공부의 출발점이요, 종착점이다.

　참고서나 문제집은 말 그대로 참고하는 것이요, 시험 문제 풀이 예상 연습에 불과하다. 그런데 많은 학생들은 교과서 내용을 제대로 이해하지도 않고서 참고서나 문제집을 갖고 씨름하곤 한다. 이는 잘못된 공부 방법이다.

　교과서는 누구나 이해하기 쉽게 되어 있다. 공부를 잘하건 못하건 제일 먼저 교과서를 중심으로 차분하게 공부해 나가야 하는 이유가 여기에 있다. 이런 과정에서 핵심을 찾아내고 그 핵심 중 잘 모르는 것이나 이해가지 않는 것을 찾아내어 요약하고 정리하는 과정이 두 번째 해야 할 일이다.

　공부 못하는 학생들의 공통점은 이 두 단계를 거의 실천하지 않는다. 시험 성적이 잘 나오지 않는 원인이 바로 여기에 있다.

가장 기본이 되는 교과서 내용을 멀리하고 교과서 내용보다 훨씬 양이 많은 참고서를 갖고 공부하다 보면 공부 양이 늘어나서 핵심 파악이 어렵다.

또한, 문제집을 갖고 문제 풀이 식으로 하는 공부는 공부라기보다는 예상 시험 문제 풀어보기 연습에 불과하다. 문제 풀이식 공부를 하다 보면 자신이 풀어본 문제를 약간만 변형시켜도 막히는 경우가 대부분이다.

공부는 교과서에서 출발해야 한다. 참고서나 문제집은 그 다음 단계에 자신의 능력에 맞게 선택하면 된다.

공부의 90%는 교과서를 완벽하게 소화해내는 데 있음을 명심해라. 그런 과정 속에서 이해가 힘든 부분이 있으면 참고서를 갖고 보충하는 것이다.

학교 내신이 갈수록 중요하고 입시에도 많은 부분을 차지하고 있다. 내신은 시험으로 평가한다. 시험 준비에서 가장 먼저 할 일이 교과서를 확실하게 공부하는 것이다. 교과서 내용을 확실하게 알지 못했으면 참고서와 문제집을 팽개쳐라. 참고서를 두세 번 보는 것보다 교과서를 완전하게 이해하는 것이 성적 향상에 좋다.

학교 시험은 교과서에서 출제된다. 교과서에서 시험 출제 예상 부분을 찾아내어 정리 요약하고 암기해야 한다. 교과서만 철저하게 공부해도 내신 상위 1%가 될 것이다. 활용 시험 준비 공부 방법은 1개의 교과목에 자신에게 맞는 1개 참고서, 그리고 1개의 문제집을 선택하여 많은 문제를 풀기보다는 핵심 문제를 풀어서 자신이 알고 있는 교과서 내용을 확인하는 것이다. 선생님이 문제를 출제할 때에는 어느 한 단원에서 집중적으로 출제하기보다는 시험 범위 전체에서 골고루 출제하기 때문에 쉽게 설명된 명료한 참고서와 문제집이 좋고, 시험공부를 충분히 못했으면 문제 풀이식 공부 방법보다는 교과서 내용을 정리하는 공부 방법이 훨씬 효과적이다.

단순암기법

앞글자만 따서 외우기

예 1) 무지개 색깔 : 빨강, 주황, 노랑, 초록, 파랑, 남색, 보라색

▷ 암기 방법은 색깔의 앞글자만 따와서 빨, 주, 노, 초, 파, 남, 보 로 외운다.

예 2) 조선시대 역대 왕 : 태조, 정종, 태종, 세종, 문종, 단종, 세조……

▷ 암기 방법은 역대 왕의 앞글자만 따와서 태, 정, 태, 세, 문, 단, 세…… 로 외운다.

예 3) 태양계 : 태양, 수성, 금성, 지구, 화성, 목성, 토성, 천왕성, 해왕성

▷ 암기 방법은 태양을 중심으로 가까운 위성을 순서대로 수, 금, 지, 화, 목, 토, 천, 해로 외운다.

다른 하나의 암기법은 사진으로 기억하는 방법이다. 눈으로 보았던 것들은 오랜 시간이 지나도 선명하지는 않지만 어렴풋이 기억이 나기 마련이다. 그 이유는 눈으로 익혔던 것은 사진의 상태로 특정적인 부분들이 뇌의 잔상에 남아 있기 때문이다. 예를 들어, 여행을 가거나 놀러가게 되면 다들 사진을 찍는다. 그러나 사진기가 없을 때는 어떻게 할까? 눈으로 보면서 아름다운 경치와 풍경들을 기억 속에 담아둘 것이다. 이러한 것은 오랜 시간이 지났더라도 다른 사람의 사진을 보다가 또는 잡지 등을 보게 되었을 때 애써 기억해 내지 않아도 자동으로 생각이 나게 된다.

이처럼 사진으로 기억되는 것은 오랫동안 사람의 뇌에 남아 기억된다. 암기를 하는 공부 방법도 마찬가지다. 단순 암기는 시간이 지남에 따라 서서히 잊혀지게 된다. 하지만, 사진으로 암기하는 것은 시간이 지나더라도 기억해 내고자 하는 내용이 몇 페이지에 있는지는 정확하지 않겠지만 적어도 어느 정도 페이지에 있으며, 어느 위치에 있었는지, 또 어떤 내용과 연관되어 있는지 알 수 있게 된다. 그렇게 되면 그 부분이 기억나지 않더라도 앞뒤의 내용과 연관 지어 생각한다면 충분히 기억해낼 수가 있다는 것이다. 실제로 사진으로 암기방법은 단순 암기를 하는 것에 2배 정도의 효과가 있다고 한다.

대부분의 학생들은 시험 시작 전 중요하다고 생각되는 것들만 다시 보기 때문에 그 외의 것들은 당연히 암기에서 소홀해졌을 것

이고, 기억조차 나지 않을 것이다. 사진 암기법으로 공부를 하게
되면 시험 시작 전 많은 양의 내용을 볼 수 있게 되며, 교과서 내
용의 전반을 효율적으로 암기하는 방법이라고 할 수 있다.

기억력을 높이는 비밀

학창 시절 시험 문제지를 받아든 순간 머리가 하얗게 되면서 아무 생각이 나지 않는 경험을 종종 하게 된다. 분명히 시험 치기 전에 다 공부하고 읽은 것인데 아무 생각이 안 나는 것이다. 그것이 과연 망각된 것일까? 그렇지 않다. 시험을 마치고 책을 들추면 어떤 단어 하나가 눈에 띈다. 그 순간 '아, 맞다!' 하면서 관련 내용이 줄줄이 떠오른다. 망각된 것이 아니라 기억에 실패한 것이다.

생물학적으로 기억에는 단기 기억과 장기 기억이 있다. 사람들은 24시간이 지나면 들었던 것의 80%를 잊어버린다고 한다. 이것은 단기 기억에 해당된다. 그래서 복습이 필요하다. 반복적 경험이나 학습을 통해 잊어버리지 않고 평생 기억하는 것은 장기 기억에 해당된다. 어렸을 때 외운 구구단을 나이가 들어도 외울 수 있는 것은 구구단 공식이 장기 기억에 남아 있기 때문이다.

공부의 기초는 암기에서 출발한다. 우수한 암기 능력은 성적 향상에 많은 도움이 된다. 암기 능력은 반복적인 훈련으로 향상이 가능하기 때문에 효과적인 방법으로 가능한 한 빨리 배우는 훈련을 해야 한다.

암기 능력 반복적인 훈련 방법 10가지

첫 번째, 취침 전에 가장 중요한 것을 암기한다. 자기 전 20~30분은 평소 기억의 몇 배 효과를 얻게 된다.

두 번째, 외운 것은 그 자리에서 활용해 본다. 지식은 그것을 활용함으로써 정교화되고 확실한 내 것이 된다.

세 번째, 즐거웠던 일과 연관지어 기억해야 한다. 즐겁고 유쾌한 일은 자주 회상해야 된다. 따라서 외워야 하는 내용을 즐거운 경험과 연관시켜 암기하면 회상하는 것만으로도 저절로 암기 내용이 따라 나온다.

네 번째, 역사는 자신을 드라마의 주인공으로 만든다. 자신을 역사의 한 주인공으로 만들어 암기하는 법이다. 이것은 우뇌의 이미지를 만드는 기능을 이용하는 것이다.

다섯 번째, 어려운 것은 쉬운 말로 바꾸어 기억해야 한다. 추상적인 내용이나 표현은 머릿속에 오래 머물러 있지 않는다. 쉬운 말로 바꾸어 기억하는 것이 좋다. 어려운 법칙이나 정리, 원리에 응용해 보면 효과가 있다.

여섯 번째, 단어는 문장과 함께 외운다. 영어 단어는 문장과 함께 외우는 것이 훨씬 효과적이다. 숙어는 문장을 해석하면서 메모하므로, 숙어집을 만들 때 해당 문장을 함께 적어 놓으면 암기에 도움이 된다.

일곱 번째, 손과 입을 사용해 외워라. 소리를 내는 동시에 쓰면서 외우면 시각, 청각, 촉각이 모두 동원되어 3배의 효과를 얻을 수 있다.

여덟 번째, 암기한 것은 1시간 이내에 복습한다. 복습은 빠를수록 유리하다. 1시간 이내에 다시 복습해 두면 큰 효과를 본다.

아홉 번째, 중요한 것은 처음과 마지막에 외워라. 우리의 기억은 앞에 암기한 것의 방해를 받아 다음에 암기하는 것은 기억하기가 어렵다. 따라서 처음에 암기하는 것이 다시 기억날 확률이 높다. 또한, 가장 최근에 외운 것도 기억날 확률이 높으므로 중요한 내용은 처음이나 마지막에 외운다.

열 번째, 외울 내용을 시각화하라. 문장을 외우기보다는 도표나 그림사진, 삽화을 보면서 외우면 기억도를 2배나 높일 수 있다.

기억 방법에는 여러 가지가 있다. 그래서 기억해야 할 대상을 반드시 암기하겠다는 의지가 강하면 강할수록 내용에 맞는 기억 방법이 생각난다는 것이며, 이러한 기억 방법 중 배열순서나 차례를 알아야 할 때에는 구별되는 첫 글자를 따와서 암기하면 좋다.

예를 들어, 무지개 색깔이나 조선시대 역대 왕 또는 태양계의 순서 등을 암기할 때 하나의 방법을 들 수 있다.

오래전부터 사용되고 다 알고 있는 방법이겠지만, 앞 글자를 따와서 외우는 것은 주로 어떤 순서나 차례 등을 암기할 때 적절한 방법이 된다. 역사적 사건 발생순서, 과학에서 실험 과정, 반응 과정 등을 기억할 때 적절하게 활용할 수 있는 암기법이다. 이 암기법으로 일단 암기가 된 내용은 상당히 오랫동안 기억되는 특징이 있다.

연상 기억법

대학 1학년 2학기 말이었다. 종로 2가 근처를 가다가 관심을 끄는 홍보물이 붙어 있는 것을 보았다. 이름하여 '주남기억법'.

손주남이라는 분이 암기를 쉽게 하고 오랫동안 잊어버리지 않도록 기억을 잘할 수 있는 노하우를 개발하여 학원을 통해 교육을 하고 있었다. 호기심에 그 학원에 가서 한 달 동안 수강하였다. 내용의 핵심은 이렇다. 그냥 암기나 기억을 하려고 하면 잘 안 되고 곧 잊어버리게 된다는 것이다. 그래서 어떤 사물 또는 일과 연관시켜서 기억하여야 한다는 것이다. 기억법을 선보이는 하나의 예가 있다.

1부터 100까지 숫자를 흑판에 써놓고 각 번호에 무슨 말을 써놓으면 본인이 그것을 한 번만 읽어본 후 뒤로 돌아서 있을 것이니 어느 번호에 무슨 말이 쓰여 있는지 물어보라는 것이었다. 가령 76번에 '책가방'이라고 쓰여 있다면 그것을 대답한다는 것이었다. 그런데 놀랍게도 어떠한 번호를 물어도 바로 대답했다. 숫자를 물어보면 내용을 맞추었고, 반대로 내용을 물어보면 번호를 대답했다. 정말 귀신같았다. 이 비상한 방법이 무엇인가 알아보았다.

그 방법을 이용한 기억법이 있다.

〈0의 장〉

0부터 9까지의 10개 숫자를 '0의 장'이라 하여 축구경기를 찍는 장면, 축구선수들이 축구하는 모습을 찍는 카메라로 각 부분에 고유번호를 지정한다. 축구경기장, 선수, 축구공, 골대, 관중, 그리고 경기를 찍고 있는 카메라의 순으로 시야를 넓히며 고유번호에 입력한 순서대로 연상하며 기억을 한다.

〈10의 장〉

그리고 10부터 19까지는 '10의 장'이라고 하여 예수가 팔 벌리고 서 있는 조각상과 성모 마리아가 기도하고 있는 조각상을 연상하여 각 부분에 고유번호를 지정하여 기억한다.

이렇게 하여 7번의 단어가 '사과'라고 한다면 축구경기를 촬영하는 첫 번째 카메라 렌즈 위의 자리에 사과를 얹어 놓은 것을 연상하여 사과라는 단어를 기억하는 것이며, 11번이 '사랑'이라고 한다면 예수님 조각상 중 모든 사람들을 사랑하는 표정으로 바라보는 예수님의 온화한 얼굴이 사랑을 뜻하고 있음을 상기시켜 이것을 사랑이라는 단어로 기억하는 것이다.

이러한 방법으로 20~29, 30~39 순으로 10개 단위씩으로 묶어 하나의 암기를 위한 주제를 정하여 연상하면 기억하기 쉽고, 가장 비슷한 연상의 대상에 고유한 숫자를 부여함으로써 기억하고자 하는 단어와 내용들을 손쉽고 빠르게 암기하고 기억할 수 있다는 것이다.

이런 방식으로 수많은 번호와 그 번호와 연관된 말을 기억할 수 있었고 잘 잊혀지지도 않았다. 행정법, 헌법 등 대학의 법 과목과 기타 암기가 필요한 사회탐구, 과학탐구 등 고교 과정의 공부도 필요한 이야기와 그림을 만들어 연관시켜 기억하면 큰 효과가 있을 수 있다.

나는 이 연상법을 이렇게 활용했다.

내가 사는 하숙집에 문을 열고 들어가 저녁식사를 하고 다른 하숙생 누구와 대화를 하다 밤에 책상에 앉아서 공부하고, 자고, 아침에 일어나 간단한 운동을 한 후 아침을 먹는 일련의 하숙집에서의 일과를 행정법 '공용수용'이라는 주제를 외울 때 썼다.

'공용수용'의 개념은 하숙집 대문에, 법적 절차는 저녁 먹는 식사 동작에 연결했고 실례와 한계, 소송 등 법적 항변과정 또한 하숙집에서의 일과와 연계시킨 것이다. 일상에서 일어난 평범한 일과 연계시키는 것은 쉽지 않으므로 이야기를 만들어서 기억하는 것이다.

이 문제가 고시에 출제되면 하숙집에 들어가고 나올 때까지의 일과를 연상하면서 빠짐없이 쓸 수 있었다.

연상 기억법 공부의 본질은 아니지만 기억해야 할 대상의 성격에 따라 유용한 도구로 쓸 수 있었다.

지금도 연설이나 강연을 할 때 연상 기억법을 이용해 강연 내용을 암기하곤 한다. 그 내용을 연단에서 시작해 오른쪽 창문에서 왼쪽 방향으로 사물을 연상시켜 강연한다. 암기가 꼭 필요한 과목, 암기하려는 분량이 많은 공부를 하는 사람들은 이러한 연상 암기법을 이용해 암기하고 기억한다면 많은 도움이 될 것이다.

에필로그

창의적 교육을 위한 우리의 자세

미래의 불확실성은 갈수록 심화되고 초단위로 변화하는 과학기술의 진보 속에서 우리는 한 가지의 창의적 아이디어가 100만 명을 먹여 살릴 수도 있는 시대에 살고 있습니다.

작은 컴퓨터 회사에 불과했던 애플이 스티브 잡스와 그의 동료의 창의적 아이디어, 즉 휴대전화와 컴퓨터의 융합이라는 생각으로 시가 총액이 삼성전자를 훌쩍 뛰어넘는 공룡기업으로 탈바꿈하게 됩니다. 휴대전화 공장 하나도 없는 애플이 모든 전자제품의 자가 생산이 가능했던 삼성전자를 앞서는 데는 시간이 그리 오래 걸리지 않았습니다. 바로 창의적인 아이디어의 승리였죠. 세계 초일류 기업을 표방했던 삼성은 자칫 노키아나 소니의 전철을 밟을 뻔했는데 저력의 삼성은 스마트폰에서의 열세를 스마트폰과 노트의 융합이라는 카드로 순식간에 뒤집어 휴대전화 판매 1위 자리를 탈환하게 됩니다. 노트, 옛말로 잡기장은 그냥 필기도구로 필기하는 종이의 묶음에 불과한데 어떻게 스마트폰과 결합할 생각을 했을까요? 이것이 바로 창의적인 아이디어입니다.

그 후 잡스는 휴대성에 집착한 나머지 엄청난 양의 동영상을 전 세계 유저들이 휴대전화로 다운받아 시청하리라고는 상상도 못 했습니다. 천재인 잡스조차도 스스로의 생각에 자신을 가두는 엄청난 실수를 해버린 것입니다. 삼성의 큰 화면 스마트폰을 비난하던 애플은 결국 잡스 타계 이후 자존심을 버리고 큰 화면 휴대전화인 아이폰6를 출시하여 갤럭시5의 판매 부진에 고민하던 삼성에 카운터 펀치를 날리고 맙니다. 이에 삼성은 어떻게 대응했을까요? 바로 획기적인 디자인의 변화를 꾀했습니다. 애플의 장점인 금속 테두리를 과감히 채택하고, 화면이 휘어진 엣지 모델을 선보였으며, 밧데리 충전 문제는 무선충전이라는 획기적인 생각으로 해결을 함으로써 디자인과 실용성이라는 두 마리 토끼를 동시에 잡은 것입니다.

이제 애플이 어떻게 대응할지 자못 기대가 됩니다. 이 같은 삼성과 애플의 대전을 통해서 우리는 창의적 아이디어 없이는 대기업도 일거에 쓰러질 수 있다는 교훈을 얻을 수 있습니다. 개인, 기업, 국가를 막론하고 창의적 사고 없이 현실에 안주하는 주체는 쇠락의 길로 갈 수 밖에 없는 것입니다.

이제 우리의 생활로 들어가 보겠습니다.

인기리에 방영 중인 해피선데이에서 삼둥이가 갯벌체험하는 장면이 나옵니다.

맛조개를 잡기 위해서 갯벌을 갈아엎지 않고 숨구멍에 맛소금을 뿌리면 맛조개가 물을 내뿜으며 밖으로 나옵니다. 이것을 체험한 삼둥이는 어떤 생각을 했을까요? 이것은 범인을 잡으러 찾아다니지 않고 경찰서에 와서 자수하게 만드는 것과 똑같습니다. 소금이라는 손쉬운 수단을 사용하는 지혜를 가지고서 힘들이지 않고 맛조개를 잡는 체험을 했습니다. 삼둥이들은 아마도, 신기한 듯 웃음 짓는 모습에서 상상할 수 있듯이, 앞으로 난관에 부딪쳤을 때 무작정 덤벼들지 않고 쉽게 해결할 수 있는 지혜를 구하려 들것입니다.

또 한 가지 사례를 들자면 삼둥이와 딸기에 관한 이야기입니다. 각각 딸기 한 개씩을 나눠주고 아빠가 화장실 다녀올 때까지 딸기를 안 먹고 가지고 있으면 상으로 딸기 한 개를 더 주겠다고 약속을 했습니다. 대한이와 민국이는 딸기의 향기에 취해서 딸기를 그만 먹어버림으로써 소탐대실의 우를 범하고 맙니다. 만세는 이와는 달리 침을 꿀꺽 삼키면서도 인내의 과실을 따기 위해 아빠를 기다립니다. 이윽고 아빠가 돌아와서 만세한테는 약속대로 딸기 하나를 더 주고 참지 못하고 딸기를 먹어버린 대한이와 민국이는 승리자의 만찬을 패배자의 시선으로 부럽게 바라봅니다.

우리 부모들은 자식들이 맛있게 먹는 모습에 무척 행복해하며 더 먹으라고 권하기 초차 합니다. 인내의 단 열매나 소탐대실의 교훈, 또는 약속의 중요성을 교육하는 데는 아예 관심조차 없고 마구 먹고 무럭무럭 자라는 데에만 관심이 있습니다. 육체적 성장에만 관심이 있고 정신적 성장에는 별로 관심이 없습니다. 우리는 어쩌면 자녀들에게 노력하지 않고도 저절로 얻을 수 있다는 잘못된 교훈을 심어주고 있는 것입니다. 이러다가는 자식이 결혼을 하고 직장 생활을 해도 부모가 생활비의 적자를 보전해 줘야 할지도 모릅니다. 노력을 해야 얻을 수 있고 그것도 효과적으로 노력하면 적은 노력으로도 많은 것을 얻을 수 있다는 체험이 바로 창의적 교육의 시작입니다. 요즘 캠핑 인구가 늘어서 들로 산으로 자녀들을 데리고 캠핑을 갑니다.

과연 캠핑을 간다고 창의적인 교육이 될까요? 캠핑장에서 숯불에 삼겹살을 구워먹으며 자녀들에게 한입 더 먹으라고 권하는 게 바로 우리의 모습입니다. 밤공기의 차가움을 텐트 속에서 어떻게 극복할 지에 대한 지혜를 가르치기 대신에 훈훈한 전기장판이라는 문명의 이기를 가지고 자녀들이 자연과 교감할 수 있는 기회를 차단시켜 버립니다. 만일 우리가 책 속에 나오는 동화의 세계를 책 속에 묻어두지 않고 자연 속으로 가져가서 온 가족이 그 동화 속의 주인공이 된다고 생각해 보세요, 바로 전혀 관계없을 것 같은 캠핑과 동화의 융합입니다. 신선한 밤공기가 스며드는 텐트 속에서의 온 가족이 동화책 속의 스토리를 가지고 역할극을 한다면 이러한 경험이 아이들의 뇌리 속에 강한 인상으로 각인될 것이고 잠이 들 때면 상상의 나래를 펴고 꿈의 세계를 날아다닐 것이며, 컴퓨터와 휴대전화에 중독되어가는 요즈음 아이들에게 뇌를 균형 있게 발달시킴은 물론, 책의 가치를 깊이 인식하게 만들 것입니다. 자녀들이 현실로 돌아와서 책을 접할 때 자녀들은 종이와 잉크를 접하는 게 아니라 무한한 상상의 세계의 문앞에 서는 것입니다.

우리는 앞날을 예측하기 어려울 정도의 급변하는 세계에 살고 있으면서도 고전적 사고에 젖어서 경제가 어렵고 취업이 잘 안된다고 정부에만 불평을 합니다. 어떤 문제가 생겨도 습관적으로 대처하려고만 하고 창의적인 생각은 아예 엄두가 안 납니다. 고학력자는 넘쳐나고 3D 업종은 아예 외면당하고 구미에 맞는 일자리는 눈을 씻고 찾아보려고 해도 별로 안보이고

주입식 교육에 창의력은 마비되고 국력이 약해서 일제에게 당했던 치욕의 역사가 인식의 틀에 갇혀서 현실의 먹이가 되어가는 한국의 젊은이들에게 또다시 반복되고 있습니다.

스마트폰의 혁명은 세계인을 모두 폰 안으로 가져왔습니다. 이제는 모든 사물과 인간을 연결하는 방향으로 급속하게 변화하고 있습니다. 2003년 기준 세계 인구는 63억 명이었고 인터넷 연결 가능한 기기는 5억 대에 불과했습니다. 그러나 2010년부터 인터넷이 폭발적인 성장을 하여 생활 깊숙이 들어오게 되고, 이것을 생활 전반에 접목시킨 또 다른 산업이 주목받기 시작했습니다. 지

금부터 10년 후가 되면 인터넷 연결이 가능한 기기의 수는 1조 대에 이를 것이고, 전 세계적으로 약 8조 달러 규모의 경제적 파급 효과를 도출할 것으로 전망되고 있습니다. 정부에서도 이러한 세계적 흐름에 발맞추어 사물인터넷 강국으로 거듭나기 위해서 앞으로 100조 원가량을 지원할 것으로 발표했습니다. 우리의 자녀들이 이렇게 역동적인 세계의 흐름에 뒤처지는 패배자가 되지 않도록 하기 위해서는 부모가 먼저 변해야 합니다. 우리의 생활 속 아주 작은 부분에서부터 자녀들에게 창의적 사고를 키워주기 위해서 노력해야 할 것이고, 맹목적인 사랑보다는 확고한 경쟁력을 갖출 수 있는 지혜를 키워주어야 할 것입니다. 그렇게 되면 우리나라에서도 제2, 제3의 빌 게이츠나 스티브 잡스 같은 인물들이 많이 나타나게 될 것입니다. 《송가네 공부법》에서는 앞으로 지속적으로 우리의 자녀를 21세기의 경쟁력 있는 인물로 키우기 위해 연구 노력하여 창의적 교육의 등불이 될 것을 약속드립니다.

핵심 내용 플로우차트

(Flow Chart)

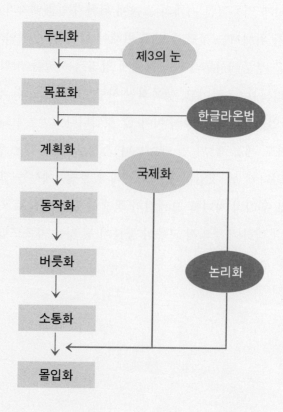

부모가 꼭 알아야 할
기적의 송가네 공부법

초판 1쇄 발행   2015년   9월   10일
초판 2쇄 발행   2018년   6월   14일

저자   송하성
펴낸이   박정태
편집이사   이명수   감수교정   정하경
책임편집   위가연   편집부   김동서, 이정주
마케팅   조화묵, 박명준   온라인마케팅   박용대, 송민정
경영지원   최윤숙
펴낸곳   북스타
출판등록   2006.9.8 제313-2006-000198호
주소   파주시 파주출판문화도시 광인사길 161 광문각 B/D
전화   031-955-8787   팩스   031-955-3730
E-mail   kwangmk7@hanmail.net
홈페이지   www.kwangmoonkag.co.kr
ISBN   978-89-97383-60-3   03370
가격   15,000원